designer works

P.128~ Brand History
P.130~ KAWI JAMELE
P.136~ Mirror by Kawi Jamele

ARTIST WORKS

P.144~ Making of CD Jacket!!
P.146~ PV ON AIR!!
P.150~ Miliyah on Stages!!!

Miliyah 300 Styles
TIMETABLE

PRIVATE STYLE

P.14~ Style-up Technique
P.28~ What's Miliyah Style?
P.54~ That's Hot Styling!!
P.66~ My Collections♥
P.84~ Simple T-shirt
P.90~ as a Fashion Icon
P.104~ Dress-up Coordinate

extra
P.112~ MILIYAH'S SHOPPING ADDRESS FOR GIRLS

Shirt:dual omotesando
(AVEC GIRLS)
Short tanktop:TOPSHOP/
TOPMAN(Topshop)
Leopard short pants:closet child
harajuku(Vivienne Westwood)
Shoes:closet child
harajuku(Vivienne Westwood)
Rosario:NUDE TRUMP
Bracelet:CABARET

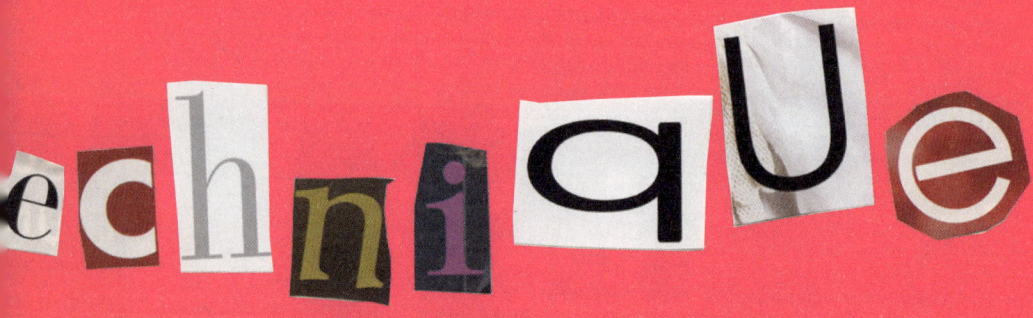

背が高いって
思われることもあるけど
実は152cmなんです

家に全身鏡がないとおしゃれができない！ バランスこそおしゃれの基本だと私は思っているから。毎朝何回も全身鏡でコーデをチェックしてるんだ。全身を見下ろすのと、鏡に映った自分を見るのとじゃ全然違うよ。背がもっと高ければよかったのにって思う私にとって、すらっとスタイルよく見せることは何よりも大事にしている部分。カワイイって思う服がそこにあるのに、自分の体型のせいで着るのをあきらめる、そんなこと私は絶対にしたくないから。せっかく女のコに生まれてきたんだから！ バランスを味方につけていろんな服にトライしたいよね♥

Style 001 » 047

Style-up T

In-style

in easy pants

楽チンでカワイイゆるパンは取り入れたいけど、そんなときは、どこかをカチッと締めて、カジュアルすぎないメリハリが大事。だからこの日も自然とインスタイル。

T-shirt:Shop in Korea
Pants:Kaon
Hat:CA4LA
Bag:LEATHEROCK
Shoes:Christian Louboutin

インスタイル

ハイウエストボトムが流行したとき"昔っぽくて可愛い！"って思って、取り入れてみたのがきっかけ。私みたいにSサイズのコはウエストの位置が高くなるとスタイルがよく見えることを知って。それからは、なんでもかんでもイン！ 気が付いたらそれが自分らしさになってたの。ゆるTやゆるパンなど、ゆるっとしたアイテムが着たいけど、かっちりした印象がどこかに必ずないとイヤだから、インするのってすっごく使えるテクなんだよね。

+Head Accessory

Style-up Technique

ざっくりニットも
大きめ帽で
バランスUP！

Knit:ZARA
Denim:NINE
Bag:HERMÈS
Hat:ZARA
Boots: Lovefool

Knit:OPENING
CEREMONY
Denim:NINE
Hat: Ralph Lauren
Sunglasses: Ray-Ban
Bag:CHANEL
Boots:FENDI

+bandanna
頭テクってそれだけで人と差を付けやすい。これもバンダナのはちまき巻きがなかったら定番スタイルだしね。このテク、ミリコレでマネしてくれてたコがいて嬉しかったな〜♥

T-shirt:TOPSHOP
Border Tops:ZARA
Denim: Urban Outfitters
Bandanna: Beyond Retro
Sunglasses: Chloé
Bag: Urban Outfitters
Shoes:TOPSHOP

着ぶくれしやすいニットも大きめ帽で目線を上にあげて、ボトムはショーパンでコンパクトにするとスタイルアップ。大きめでつばが広いハットをかぶることがこれからまた増えそう！

+ヘッドアクセ

ミリヤ帽って名前をつけてくれたくらい、みんなの中では帽子の印象が強い私。別に人に気づかれないようにしたいわけではなくて、本当におしゃれにスタイルアップができるテクなんです。目線が上にいくからね！ もともと頭に何か着けたりするのが小さい頃から好きだったの。帽子、スカーフと、その時の流行をとりあえず着けてみるって感覚。ちょっと足りないなって思ったときは頭テクを足してみてる。

Flat Shoes

oxford shoes

このシャネルの靴はかかと部分に高さがあるから合格♪ すっごく使えた一足だよ。オーバーサイズのニットを合わせてるから、足元がシャープに見えるの。

Knit:Chloë Sevigny for OPENING CEREMONY
Shirt:Ralph Lauren
Short Pants:KAWI JAMELE
Bag:YVES SAINT LAURENT
Head Accessory:3.1 Phillip Lim
Sunglasses:Ray-Ban
Shoes:CHANEL

ぺたんこ靴でもバランス UP

常に頑張ってカッチリした感じは疲れちゃう。そんなときはぺたんこ靴。時々こうやって力を抜いたハズしを取り入れるのって逆にカワイイと思うし♡ そのときは絶対に足首のシルエットを見せるっていうことが重要だよ。トップスをあえてオーバーサイズにすることも大事かも。一言でぺたんこ靴といってもその選び方にもコツが。足裏が薄っぺらいヒール0㎝はダメ、かかとが実は1～2㎝あるものを私の中ではぺたんこ靴と言うのです！

Vest:TOPSHOP
T-shirt:kitson
Vest:TOPSHOP
Parka:KAWI JAMELE
Short Pants:SLY
Hat:CA4LA
Sunglasses:Ray-Ban
Bag:CHANEL
Boots:PRADA

Vest:3.1 Phillip Lim
Vest:3.1 Phillip Lim
Tank Top:American Apparel
Short Pants:KAWI JAMELE
Hat:HERMÈS
Sunglasses:GUCCI
Bag:MCM
Shoes:Christian Louboutin

Vest:ZARA
Vest:ZARA
One-piece:JUICY COUTURE
Boots:MINNETONKA
Dog Bag:IRIO

Vest:Kate Moss for TOPSHOP
Vest:Kate Moss for TOPSHOP
Blouse:DSQUARED²
Denim:TOPSHOP
Boots:SHIBUYA FRONTIER
Sunglasses:GUCCI
Bag:YVES SAINT LAURENT

Vest:KAWI JAMELE
Vest:KAWI JAMELE
T-shirt:T by ALEXANDER WANG
Pants:TRIPP NYC
Bag:ABACO
Hat:Ralph Lauren
Shoes:miu miu

Vest:DOUBLE STANDARD CLOTHING
Vest:DOUBLE STANDARD CLOTHING
Shirt:ZARA
Scarf:CABARET
Denim:TOPSHOP
Hat:HERMÈS
Bag:CHANEL
Shoes:VICINI

+Vest

Vest:3.1 Phillip Lim

Rider's Jacket:ZARA
Vest:3.1 Phillip Lim
Inner:KAWI JAMELE
Leggings:H&M
Bag:CHANEL
Boots:miu miu

すっごく使えた
3.1 Phillip Limの
スタッズベスト

インパクトのある3.1 Phillip Limのベストは着回しまくり。上からジャケットを着てレイヤードしたスタイルも、スタッズで締まってコンパクトに見えるの。

+ベスト

ベストって本当好きなんですよね〜私。シンプル服のときに何か足りないなって思って着るっていう単純な理由なんだけど、それが結果的にスタイルアップにつながってました。スタッズやフリンジなど、ちょっとクセのあるデザインのものを取り入れるのがキー。目線が上に行って、レイヤードしてもコンパクトにまとまるから、すごく使えるアイテム。

Stole

× *Simple T-shirt*

首で一周はせず、単に垂らすだけ。首まわりをすっきり見せて、よりスタイルアップにつながるよ。シンプル服に派手ストールを巻くことで、より目立って縦長効果！

T-shirt:KAWI JAMELE
Vest:FREE'S SHOP
Stole:Cashmere Shop
Denim:Seven For All Mankind
Hat:Love Free
Bag:DOUBLE STANDARD CLOTHING
Carry Bag:GLOBE-TROTTER

たてストールテク

とにかく背が高く見える！ それだけの理由です(笑)。ストールが流行したときに、私も実際買って、鏡の前で巻いてみたときに"バランスがいいかも！"って思ったのがきっかけ。だからストールは長くなきゃだめ。首に巻くっていうよりは首にかける派。首を見せてすっきり長く見せるのも一つのテク。柄ものを選べばカンタンに柄MIXできるし、かなりストールテクにはお世話になったよ〜。ZARAで見つけるのがオススメ。

Compact Jacket

JK:ZARA
ZARAのライダースはすごく使えたよ。こうやってレイヤードして着ても着膨れしないコンパクト感が大事。真冬は上からコートを着てJKを長く着回すのが私流。

Jacket:ZARA
Denim Vest:TOPSHOP
T-shirt:Urban Outfitters
Skinny:OPENING CEREMONY
Bag:CHANEL
Boots:Used

コンパクトJK

自分の肩幅に合わせると自然とコンパクトJKが合うからっていうのもあるけど、カッチリしたスタイルが好きな私にとっては、もともと大好きなアイテム。着膨れするボリューミーなアウターよりもコーデの幅が広がるしスタイルアップして見えるし。真冬はJKの上からコートを着る。コートの中が単に薄着より、リアルに温度調節もカンタンで脱いでもカワイイから。どんなデザインだとしても着回せるシンプルな黒、白、グレーを選ぶようにしてるよ。

iYah Style?

おしゃれするのに
ルールなんてナシ！
それが私らしさです

とにかく普通じゃつまらない！　コレってアリなの？ってくらいミスマッチなものが、実は合わせてみると可愛かったりするもの。だから、とりあえず私は何でも試してみる主義。合わせちゃいけないなんてルールはないから。その結果生まれたスタイルが、いつの間にか自分らしさになってたみたい。そんなミリヤスタイルって？

MILIYAH 300 STYLES are:

PRIVATE STYLE Style-up Technique:What's Miliyah Style?:That's Hot Styling!!:My Collections♥:Simple T-shirt:as a Fashion Icon:Dress-up Coordinate:MILIYAH'S Shopping Address for Girls:Designer Works KAWI JAMELE:Mirror b Kawi Jamele:Artist Works Making of CD Jacket:PV ON AIR:Miliyah on Stages! and more!!

Style 048 » 114

What's Miliyah Style?

Miliyah 300 Styles

Knit Cardigan: Chloë Sevigny for OPENING CEREMONY
Hat: CA4LA
Shoes: NUDE TRUMP

I ♥ LEOPARD!!! THAT'S HOT ITEM FOR ME NOW AND FOREVER I THINK SO ☺ ☺

I ♥ Leopard

ミリヤといえばやっぱりひょう柄

どんな日もどんなコーデでも、常に取り入れる準備ができてるってくらい、私にとってLOVEな柄♥ 一般的には、派手でセクシーで大人な柄っていう印象が強いけど、私の中ではちょっと変わった上品で可愛い柄っていう認識。自分のスタイルにセクシーな要素なんて必要ないから。そのためには、柄の選び方にもこだわりがあって、自慢じゃないけど自分で描けるくらい(笑)。大柄で丸っこい柄ならカジュアルに可愛く取り入れられるよ。私にとって着てるだけでパワーをもらえる柄なんだ。

Coat: Hysteric Glamour
Hat: Ralph Lauren
Scarf: DOLCE&GABBANA
Pants: TOPSHOP
Boots: ALBA ROSA

Chloë Sevigny for OPENING CEREMONY

↑ちょっと大きめサイズなのが可愛くてバランスもよく着こなせるの。クロエ・セヴィニーラインのひょう柄アイテムはすごくオススメ。他にオープニングセレモニー×PRO-Kedsのひょう柄スニーカーも愛用中♥

Knit Cardigan: Chloë Sevigny for OPENING CEREMONY
T-shirt: T by ALEXANDER WANG
Check Shirt: KAWI JAMELE
Skirt: OPENING CEREMONY
Hat: Shabon
Bag: ALEXANDER WANG
Boots: Urban Outfitters

031 MILIYAH 300 STYLES

Tops:ZARA
Stole:kitson
Pants:KAWI JAMELE
Hair Brooch:kitson
Bag:BALENCIAGA
Boots:CHANEL

柄×柄、もうずーっとやってます！

おしゃれにルールなんて作らない、そんな気持ちから生まれたスタイルがコレ。いつのまにか今日は柄×柄だった、そのくらい、今となっては定番のスタイルになっちゃった。はじめて取り入れてみた当時は、もっとファッションで冒険してみたいっていう気持ちがあって。派手なものが好きだったから、合わせちゃえ！っていう軽いノリです(笑)。その入り口はチェック×ボーダー。意外と合う！って思ってから、気づけば今までの最高は5柄MIX(笑)！ 定番のアイテムを着てるのに、コーデに遊びが加わって派手になる。そんなテンションが私っぽいと思う。

What's Miliyah Style?

Coat: Hysteric Glamour
Shirt: ZARA
Sunglasses: GUCCI
Stole: ZARA
Chain Bag: CHANEL
Boots: SHIBUYA FRONTIER

I ♥ Pattern Mix

BORDER STOLE +COAT

こんな上級さん風コーデも実はシンプルテクでできるんです！

Coat:DOUBLE STANDARD CLOTHING
Tops:KAWI JAMELE
Denim Pants:TOPSHOP
Sunglasses:Chloé
Stole:ZARA
Bag:CHANEL
Shoes:VICINI

STRIPE SHIRT +STOLE

柄トップスに同系色柄のストールを巻くのも簡単

Shirt:ZARA
T-shirt:PROM QUEEN
Stole:KAWI JAMELE
Denim Pants:FOREVER 21
Hat:CA4LA
Sunglasses:GUCCI
Bag:BALENCIAGA
Boots:FENDI

LEOPARD SHOES +BORDER TOP

柄×柄に抵抗のあるコはまずは柄トップスに足元でひょう柄を差してみるといいかも

Knit Vest:KAWI JAMELE
Shirt:Ralph Lauren
Pants:Ralph Lauren
Hat:CHANEL
Bag:CHANEL
Shoes:Christian Louboutin

柄×柄コーディネート実例

ボーダー×チェックをしてみてから、あらゆる柄MIXにトライしてきた私。取り入れやすい小物×洋服の柄MIXからはじまり、慣れてきたら、服×服にステップアップ。そんな感じでじわじわパワーアップしてきました。今はひょう柄とボーダーのMIXが可愛いなって思う。ルブタンのブーティもめちゃくちゃ使える〜。

Miliyah's Pattern Mix Style Coordinate!!

What's Miliyah Style?   Miliyah 300 Styles

Top:TOPSHOP
Shirt:TOPSHOP
Denim Pants:
Urban Outfitters
Hat:KAWI JAMELE
Sunglasses:SUPER
Boots:ZARA

Coat:KAWI JAMELE
Stole:YARNZ
Leggings:American Apparel
Hat:CA4LA
Belt:Ralph Lauren
Bag:CHANEL
Boots:FENDI

Shirt:Present
from my friend
Top:KAWI JAMELE
Leggings:H&M
Hat:CA4LA
Socks:Kutsushitaya
Bag:GUCCI
Boots:CHANEL

BORDER+CHECK SHIRT
王道テク、チェックシャツの腰巻き!!
そして実はバンダナも柄(笑)

LEOPARD STOLE +LEGGINGS
柄レギンスにはストールで
トップスに柄を差して

CHECK SHIRT +BORDER
チェックシャツは柄MIX
の鉄板アイテム!

Like Michael Jackson!!

Shirt: TOPSHOP
Salopette: ALEXANDER WANG
Bag: ALEXANDER WANG
Hat: KAWI JAMELE
Sunglasses: Ray-Ban
Shoes: CHANEL

Jacket: KAWI JAMELE
Pants: KAWI JAMELE
Hat: charlotte ronson
Sunglasses: Ray-Ban
Stole: ZARA
Bag: YVES SAINT LAURENT
Shoes: CHANEL

Shirt: KAWI JAMELE
T-shirt: KAWI JAMELE
Pants: OPENING CEREMONY
Hat: Shabon
Bag: LOUIS VUITTON
Shoes: CHANEL

Christian Louboutin

➡自称"マイケル靴"と呼んでるコレ。ぺたんこだけど、くしゅソックスで弛みを出すと、バランスよくはきこなせるの。

madonnastyle

➡「CELEBRATION」のDVDには"あの頃"のマドンナスタイルが満載／ワーナーミュージック・ジャパン
➡そして、こちらは私が大好きな一冊。「madonnastyle」／私物

マイケルとマドンナは私のソックススタイルのお手本です♪

奇抜で個性のある2人のファッションが大好き。特に'80sのマドンナのファッションの影響をかなり受けてたの。レース靴下のテクも可愛いマイケルの大ファンの姉としょっちゅ靴下と合わせてるアンクルベルトのぺたんこ靴を勝手に"マイケル靴"と命名しちゃってるくらい(笑)

Hat: Vintage
One-piece: Urban Outfitters
Bag: Urban Outfitters
Socks: Urban Outfitters
Shoes: CHANEL

Like Madonna

What's Miliyah Style?   Miliyah 300 Styles

MILIYAH'S SOCKS TECHNIQUE

Tops:TOPSHOP
Denim Pants:Urban Outfitters
Hat:Shabon
Sunglasses:Shabon
Bag:ALEXANDER WANG
Shoes:Christian Louboutin

Knit:OPENING CEREMONY
Inner T-shirt:WILDFOX
Short Pants:ALEXANDER WANG
Hat:CA4LA
Sunglasses:Ray-Ban
Bag:BALENCIAGA
Socks:KAWI JAMELE
Shoes:CHANEL

デニムを
ロールアップ
してチラ見せ

ボーダー
ニーハイが
秋冬使える

I ♥ Socks Technique

ソックステクはミリヤコーデには欠かせない

足元で遊ぶのってとってもおしゃれ。ブーツじゃない日はだいたいソックスをはいてると思う。というのも、素足よりソックスをはいたほうが重みが出てバランスよく見える気がするから。はじまりは大好きなマイケル・ジャクソン！ぺたんこ靴にくしゅソックスのスタイルを一時期毎日マネしてたほど。あと、柄を投入できるボーダーソックスは一足持っておくべき！

©Masami Sano ViVi 2010 July

CIRCLE SUNGLASSES
丸サングラス

KAWI JAMELE

私の場合、決して顔を隠すためのものではなく、ちょっと変わった形で遊ぶために着けるサングラス。まん丸フレームも着けちゃったもん勝ち。

インパクト大！なひとクセアイテムを プラスしてこそ、ミリヤスタイルの完成です

素直に洋服を着るだけじゃつまらない。だから私はどこかに絶対遊びを加えてみるの。それは小物だったりプリントだったり。どれにしても"ゴテッとした"っていうフレーズが合うようなひとクセアイテム。合わせちゃいけないなんてルールはどこにもないから。色々試して毎日おしゃれを楽しんでみるのがマンネリにならない秘訣。

TO YOSHIDA ViVi 2010 June

JIMMY CHOO for H&M

KAWI JAMELE

BANGLE
ゴツバングル1点着け主義

シンプル服のときは特に！こんな太めでインパクトのあるバングルを1つだけ着けるのが可愛いの。大好きなシャネルはすごくお気に入り。自分のブランドでも作ってみました。

CHANEL

Mirror by Kawi Jamele

OR WOT!

040

What ~~~ style?

Top:kitson
Pants:GUCCI
Hat:CA4LA
Sunglasses:GUCCI
Stole:ZARA
Belt:Vintage in N.Y.
Bag:BALENCIAGA

ViVi 2010 July

CHARACTER
キャラもの♥

トップスのプリントでよく取り入れるキャラもの。でも、甘めの格好には取り入れないっていうのが私のルール。

Tops:JOYRICH
Sunglasses:SUPER
Denim Pants:Urban Outfitters

Shirt:TOPSHOP
T-shirt:Vivienne Westwood
Short Pants:KAWI JAMELE
Hat:Ralph Lauren
Sunglasses:Chloé
Bag:MCM
Shoes:GIUSEPPE ZANOTTI

IMPACT T-SHIRT
インパクトTシャツ

いわゆる"遊びT"と呼んでいるTシャツ。シンプル服に1点こんなインパクトを取り入れるとミリヤスタイルっぽいんだよね。

T-shirt:Vivienne Westwood
Pants:JENEVIEVE
Hat:HERMES
Sunglasses:GUCCI
Bag:MCM
Shoes:Christian Louboutin

T-shirt:k3
Bangles:CHANEL,House of Harlow1960
Bag:PROENZA SCHOULER
Boots: Vivienne Westwood

I ♥ JUNK ITEM

Miliyah style can't be completed without any "eye-catching" items.It's not fun just to wear clothes, so I would like to play with it adding accessories or print, etc.

T-shirt:JOYRICH
Denim Jacket:SLY
Denim Pants:FOREVER 21
Hat:Ralph Lauren
Bag:BALENCIAGA
Boots:miu miu

MILIYAH KUMA
ミリヤっくま♥

ライブツアーのグッズとして作ったのがきっかけ。これはアルバム「HEAVEN」を買って当たるともらえる激レアな「ミニミリヤっくま」携帯ストラップ♥(現在、配布終了です)。私もカギに付けてるよ。

Top:kitson
Hat:MINNETONKA
Sunglasses:Chloé
Stole:KAWI JAMELE
Bracelets:Planet Blue
Bag:BALENCIAGA
Boots:SANCHO

Style 3

Fur Vest: TOCOPACIFIC
Tops: ZARA
Pants: KAWI JAMELE
Hat: CA4LA
Sunglasses: Ray-Ban
Bag: YVES SAINT LAURENT
Boots: VERSACE

Style 4

Coat: Shabon
Tops: ZARA
Denim Pants: Urban Outfitters
Hat: Shabon
Scarf: CHANEL
Bag: CHANEL
Shoes: Christian Louboutin

例えばZARAの ボーダーで4コーデ

Style1:サスペと靴下テクでちょいマニッシュなボーイズスタイル。Style2:ひょう柄ストールを巻いて、さりげなく柄×柄。Style3:ファーベストでグランジなモノトーンスタイル。Style4:トレンチコートをはおってみても。こうやってひょう柄の靴をはくと、定番ボーダーも柄×柄で生かされて、おしゃれスタイルに見えるよ。

What's Miliyah Style?

SPA BRAND'S
(ex.TOPSHOP,ZARA,H&M)
BASIC ITEM

ミリヤスタイル番外編

SPAブランドの
"使えるベーシックアイテム"を
人とかぶらずに着回す方法

ベーシックなアイテムはTOPSHOP、ZARA、H&Mで探すのが私の定番。やっぱりお手頃なのは嬉しいよね。そのうえ、どこよりも形がよくて、流行のシルエットを取り入れるのがとにかく早いの。そんなイケてるSPAアイテムは、きちんとハイブランドをMIXして、安く着ないことが大事。こだわりのハイブランドアイテムや、人と差がつく小物テクで、誰もが持ってる定番アイテムを毎回違った感じに着回すのは得意です!!

Style 1

Tops:ZARA
Pants:KAWI JAMELE
Bag:ALEXANDER WANG
Shoes:Christian Louboutin

Style 2

Jacket:TOPSHOP
Tops:ZARA
Denim Pants:TOPSHOP
Hat:ZARA
Sunglasses:Ray-Ban
Stole:ZARA
Bag:YVES SAINT LAURENT
Boots:Loveless

ZARA BORDER 4 styles

→これは本当に着た！ 何回着てもまたすぐに合わせたくなる、そのくらいメジャーで着回しやすいボーダーをZARAでゲット。白の部分が生成りっぽいのが合わせやすいポイントでした。／ZARA

That's This

TOPSHOP LEGGINGS

1
Vest:TOPSHOP
Knit:H&M
Leggings:TOPSHOP
Sunglasses:Ray-Ban
Bag:ALEXANDER WANG
Boots:Urban Outfitters

2
Shirt:H&M
T-shirt:KAWI JAMELE
Leggings:TOPSHOP
Hat:Love Free
Bag:BALENCIAGA
Shoes:LOUIS VUITTON

TOPSHOP DUNGAREE SHIRT

1
Shirt:TOPSHOP
Skirt:KAWI JAMELE
Bag:ABACO
Socks:Shop in Harajuku
Shoes:DOLCE&GABBANA

2
Shirt:TOPSHOP
Denim Pants: Urban Outfitters
Hat:Ralph Lauren
Bag:ABACO
Shoes: DOLCE&GABBANA

3
Shirt:TOPSHOP
Top:kitson
Leggings:H&M
Casquette:LOVELESS
Sunglasses:Ray-Ban
Bag:HERMÈS
Boots:miu miu

ZARA BLACK HAT!!!

1
Shirt:H&M
T-shirt: DOUBLE STANDARD CLOTHING
Denim Pants:NINE
Hat:MINNETONKA
Bag:BALENCIAGA
Necklace:House of Harlow 1960
Boots:SANCHO

1
Rider's Jacket:ALEXANDER WANG
One-piece:ZARA
Hat:ZARA
Sunglasses:Ray-Ban
Bag:BALENCIAGA
Boots:miu miu

2
Jacket:ZARA
Short Pants:KAWI JAMELE
Top:H&M
Hat:ZARA
Sunglasses:Ray-Ban
Stole:ZARA
Bag:YVES SAINT LAURENT
Shoes:CHANEL

3
T-shirt:TOPSHOP
Corset:MACHINE-A
Short Pants: KAWI JAMELE
Hat:ZARA
Sunglasses:Ray-Ban
Bag:PROENZA SCHOULER
Boots:miu miu

4
Jacket:CHANEL
Blouse:Shop in N.Y.
Pants:KAWI JAMELE
Hat:ZARA
Bag:CHANEL
Boots:PRADA

What's Miliyah Style?

Miliyah 300 Styles

Miliyah Presents SPA BASIC 3 STEPS!!!

SPAブランドの超ベーシック服、ミリヤ的着回し術5連発!!

SPAブランドでゲットしたアイテムはとことん着倒す主義! ワンシーズンでは飽き足らず、ずっと愛用しているものも少なくないよ。定番アイテムなら流行り廃りないし、どんなコーデにも合わせやすいしね。ハイブランドを合わせて、High&Lowで着ること、そして小物はとことん派手にパンチのあるものを取り入れること、それがSPAベーシックの攻略法。

1
Jacket:ZARA
Shirt:ZARA
Pants:ESTNATION
Sunglasses:Ray-Ban
Bag:ALEXANDER WANG
Boots:miu miu

2
Jacket:ZARA
T-shirt:T by ALEXANDER WANG
Pants:TOPSHOP
Bag:HERMÈS
Boots:miu miu

3
Jacket:ZARA
T-shirt:JOYRICH
Short Pants:T by ALEXANDER WANG
Boots:DOG

ZARA Tweed Jacket!!

H&M SHIRT COLLECTION!

5
Shirt:H&M
T-shirt:LnA
Denim Pants:FOREVER 21
Hat:CA4LA
Suspenders:KAWI JAMELE
Bag:CHANEL
Boots:MINNETONKA

4
Shirt:H&M
Tank Top: KAWI JAMELE
Belt:CHANEL
Pants:KAWI JAMELE
Boots:FENDI

3
Shirt:H&M
T-shirt:ZARA
Denim Pants: FOREVER 21
Hat:CA4LA
Bag:TOPSHOP
Belt:Ralph Lauren
Boots: SHIBUYA FRONTIER

2
Vest:3.1 Phillip Lim
Shirt:H&M
T-shirt: American Apparel
Leggings:H&M
Hat:CA4LA
Bag:HERMÈS
Shoes: Christian Louboutin

3.1 Phillip Lim
Vest

↑めちゃくちゃ使えたベストたち。このゴテッとしたデザインがSPAのシンプル服に合うんだ。右のスタッズ付きはコーデにパンチを加えたいとき使えたよ。左はコレクションラインのものでアシンメトリーな裁断が珍しくて気に入った一枚。

Maison Martin Margiela
Skinny Denim

→私がはきたいデニムのマストな条件を全てクリアしてるこのデニム。ストレッチがめちゃきいてて、すごく細身。このシンプルなグレーの色がSPA服にもよく合うよ。マルジェラの数字のタグに惹かれたのもある～♥

BALMAIN
Jacket

←コレクションを見て絶対欲しかった夢のJK！ セールで買ったよ。スーパーパワーショルダー＆ウエストが細身で、着ると想像以上にカッチリな一枚。この存在感にひるまず、ラフにシンプルTとデニムショーパンを合わせちゃうのが私の着方。

GH BRAND × SPA

What's Miliyah Style?

HERMÈS
Knit Cardigan

➡腕部分が太めで、中に着込めるサイズ感。ニットも一枚はいいものが欲しいよねってことで買っちゃいました、セールで(笑)。

CHANEL
Tweed Jacket

↑CHANEL大好きな私としては、チェーンバッグをはるかに超えた夢の一枚。母が20歳の誕生日にプレゼントしてくれました。私の宝物です。

COMME des GARÇONS
Leggings

➡韓国で購入。これが私のギャルソンデビュー。近いようで遠い存在っていう感じが憧れ感漂うブランド。ニット素材で着心地がいいのが嬉しい。

CHANEL
Blouse

←CHANELの白黒の世界観が好き♥ これはTV番組でも衣装として着ました。

IMPACT H

ひとクセありの贅沢品で、SPAを安く着ない主義です

大好きなお洋服だから！買いやすいSPA服を安いと思って着たくない。なとかぶらないようなひとクセありのハイブランドをあえて合わせる主義。私の場合は、なかなかみんなSPA服の着こなしができるんだ。そんなSPAへの投資服をご紹介♥ そしたら、オンリーワン

Miliyah 300 Styles　　　　　　　　　What's Miliyah Style?

TOPSHOP

優秀な靴はもちろん、派手系のものや、他ではない形を見つけられるTOPSHOP。今季もそんなアイテムがやっぱり豊富。オーバーサイズで可愛かったボーダートップスやアニマルっぽい派手柄のワンピ。ココではこんな攻め系アイテムを買うべき。意外と楽でおしゃれができるスウェットもオススメ。

TOPSHOP
Sweat Pants

TOPSHOP
Leopard One-piece

TOPSHOP
Border Cut&Sewn

SPA Brand's 2010 A/W Miliyah Collection!!
ミリヤ的、何が使える？どう着る？コレクション

ZARA
Cardigan

ZARA
Work Pants

H&M
Pattern Jacket

H&M
Trench Coat

H&M

一点で可愛いって思えるアイテムが揃うH&M。私服スタイルでかなり取り入れちゃったくらい、今季は特にオススメ！ 生地が厚手で、高級感のあるものばかり。なんといってもニット！ 今年っぽいノルディック系の柄の展開は要チェック。トレンチも形が優秀だったよ。

ZARA
Lace Miniskirt

ZARA

リアルな着回しアイテムをゲットするなら、どんな季節もやっぱりZARA。美シルエットさはどこにも負けません。引き続きA／Wもシンプルでシックで大人っぽい印象。着ていて気持ちイイものが豊富で、どれも何通りにも着回せそう。

H&M
Pattern Knit

048

- Top/TOPSHOP/TOPMAN(Topshop)
- Short Pants/TOPSHOP/TOPMAN(Topshop)
- Boots/rosebullet

SPA Brands 2010 A/W Miliyah Collection

TOPSHOP

H&M

SPA Brands 2010 A/W Miliyah Collection

・Shirt/H&M Customer Service (H&M)
・Knit Pants/H&M Customer Service(H&M)
・Stole/H&M Customer Service(H&M)
・Boots/H&M Customer Service(H&M)

ZARA

SPA Brands 2010 A/W Miliyah Collection

- Shirt/ZARA JAPAN(ZARA)
- Short Pants/ZARA JAPAN(ZARA)
- Shoes/ZARA JAPAN(ZARA)
- Fur Hat/CROON A SONG(JENEVIEVE)

My Fashion Icons...

Madonna
その存在自体、アーティスト性全てが憧れだしいつも影響されてる。特に80年代のスタイルが好き。最近ますますマドンナ系スタイルが可愛く思えて服でも意識したりしてる。

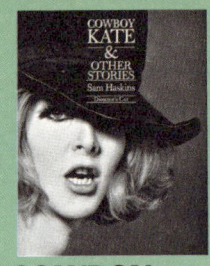

COWBOY KATE
最近特にお気に入りの写真集がコレ。強くてカッコいい感じなのに、メイクとかヘアとか、どこか可愛い要素が入ってる感じがとっても好き。ココかぶってる帽子も好き。

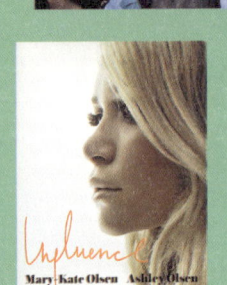

Mary-Kate Olsen
その時々で必ず好きなセレブはいるけど、今はダントツでメアリー＝ケイト・オルセン！シャネルばっかり着ていたときのメアリーケイトが好き。パーティーで会って2ショット撮れちゃった!!

　かったなぁー。
　私が小学校低学年の頃は、安室奈美恵さんがめちゃくちゃ人気で。その当時流行になったバーバリーのチェックミニが欲しくて欲しくて買ってもらった思い出がある。もちろんそれに黒のタートル合わせてました（笑）。私の中での初めてのファッションアイコンが安室さんだったんだ。小学校高学年になると、ヴィヴィアン・ウエストウッドがまたまた大流行。高いから買えなくて、近所の古着屋でゲット。これが古着初体験でした。雑誌の影響で、ロゴTなど、ちょっとずつブランドものを買い始めたのもこの頃。当時、雑誌はたくさん読んでいて、服のクレジットによくピンクフラミンゴって書いてあったからネットで調べたりもしたなー。名古屋在住の女のコにとっては、渋谷ってどこだ!?って感じで。どうやら外観がピンクのお店で古着屋らしい、とか（笑）。もう興味津々。Popteenとか Cawaii！とか、ときにはCUTiE、Zipperなんかも読んだりして。で、なんと小学校の卒業式は、ヴィヴィアン×ジュンヤ・ワタナベという攻めた格好で行ったよ。アシンメトリーの衿のシャツとか着ちゃって。今思うとかなりおしゃれだよね（笑）。
　そして中学入学。自分で買い物も行くようになって、名古屋では東京の渋谷みたいな場所、丸栄によく行ってた。お正月に福袋に並んだこともあるくらい。こんなに服がたくさんあるんだって知って、自分でセレクトする楽しさを覚えたんだ。この頃から音楽にどっぷりハマって、ブラックミュージックを聴きまくってたの。次第にファッションもB系になってきて、J.Loのブランドやイヴっていうラッパーがやってるブランドとか、ベイビーファットとか、ブラック系のブランドをネットとかで探して買うことが楽しくてしょうがなかった。B系時代に派手感とかtoo muchな感じを覚えた気がする。当時ギャルブランドの王者で大流行してたアルバローザにも行ったりしてたよ。とにかく服が欲しくてしょうがなかった時代。
　この頃から、お仕事で名古屋と東京を行き来することが多くなってきて、中1のときに晴れて渋谷109デビューを果たしたのです！ 結構ビビりながら入った気がする（笑）。渋谷っていう街自体がコワくて（笑）。109に慣れてきたところで、渋谷パルコにも晴れてデビューしちゃったりしました。
　アーティストとしていよいよデビューすることになって、高校1年生のとき上京。このときも、もろBガール。髪も黒くなきゃいやだって思ってた頃で。でも仕事の関係上、茶髪にすることになり困惑……。16歳でリリースした「ディアロンリーガール」のときに、初めて髪を金髪にしてギャル文化を取り入れてみたんだ。でもこれが大きな転機に！ 同世代の女のコが私に注目してくれるようになったの。金髪にすることで着たい服も徐々に変わってきて。それまではかっこいい系のファッションにしか興味なかったけど、可愛い系もありだなと思うようになったの。この頃、自分で貯めたお金で初めてハイブランドバッグを買ったよ。ヴィトンのスピーディー。私の懐かしいハイブランドバッグデビューの思い出です。
　ココから私にとって運命の出会いが2回訪れることに。これがのちに今の私につながる大きな出会いになったんだ。まず、高校2年生の終わりに、ビッグニュースが飛び込んできたの。それはViViでの連載。モノクロの音楽ページなんだけど、当時からViViをめちゃくちゃ読んでたから、嘘みたいで！ そこで出会った担当の編集曽小川さんが、私が音楽と同じくらいファッションが大好きっていうのを分かってくれたの。あるとき、その音楽連載の取材中に、私が自分の私服の写真をブログ用とかでよく撮ってる、って話をしたら、「それ、ViViの誌面でもやってみない？」ってことになって、私の私服30daysなんていうビッグ企画が決まったの！ それが好評だったみたいで、次のシーズンもその企画が組まれて、だんだん私の企画が増えてきて……、って思うと、曽小川さんとは本当に私の運命の出会い。
　そしてもう一つの出会いは高校卒業後。それは、今お世話になってるスタイリスト西村哲也さん。この人との出会いが私のファッションの大転機に。前から雑誌を見てて、てっちゃん（西村さん）のスタイリングがすごく好きで。面白いスタイリングするなーって思ってた。初めてお仕事を一緒にやらせてもらってから、なんてフィーリングの合う人なんだろうって思って、それからずーっと公私ともに仲良しです。そのてっちゃんがね、こう言ったの。"みーちゃん、ファッションアイコンになりたいんだったらいい靴をはきなさい"って。それから私、ハイブランドの靴を買うようになったんだ。ファッションで遊んでみるっていうのもてっちゃんに影響されたこと。ファッションは普通じゃつまらない、派手に遊じゃおうって。今のミリヤスタイルがあるのは、てっちゃんのおかげなんだ。
　ViViで私服30daysの企画をやってからまもなく、何かを振り切るように思い切ってボブヘアにチェンジ。前髪も初めて作ってみたの。後にみんながミリヤヘアと呼んでくれるようになったスタイル。これが可愛いものをもっと着てみたいって思うようになったきっかけ。そして、女のコが私をファッションアイコンとして認知してくれるようになったきっかけ、かな？
　こうして、今に至る私。私のそばには常に私のファッションをバックアップしてくれる人がいた。私もみんなと同じ、お洋服が好きで、いつだって少しでも可愛いって思われたくて頑張ってる。どんな時代も、ファッションの何かに夢中になって、追いかけてマネしてみて。女のコはやっぱり、たくさんの可愛いお洋服に囲まれて生きていなくちゃ。それが女のコの特権だから。これからも常にいい靴をはいて、みんなのファッションアイコンとして歩いていけたらいいな。
　さて、次はみんなにどんなファッションを発信していけるだろう！

My Fashion Roots

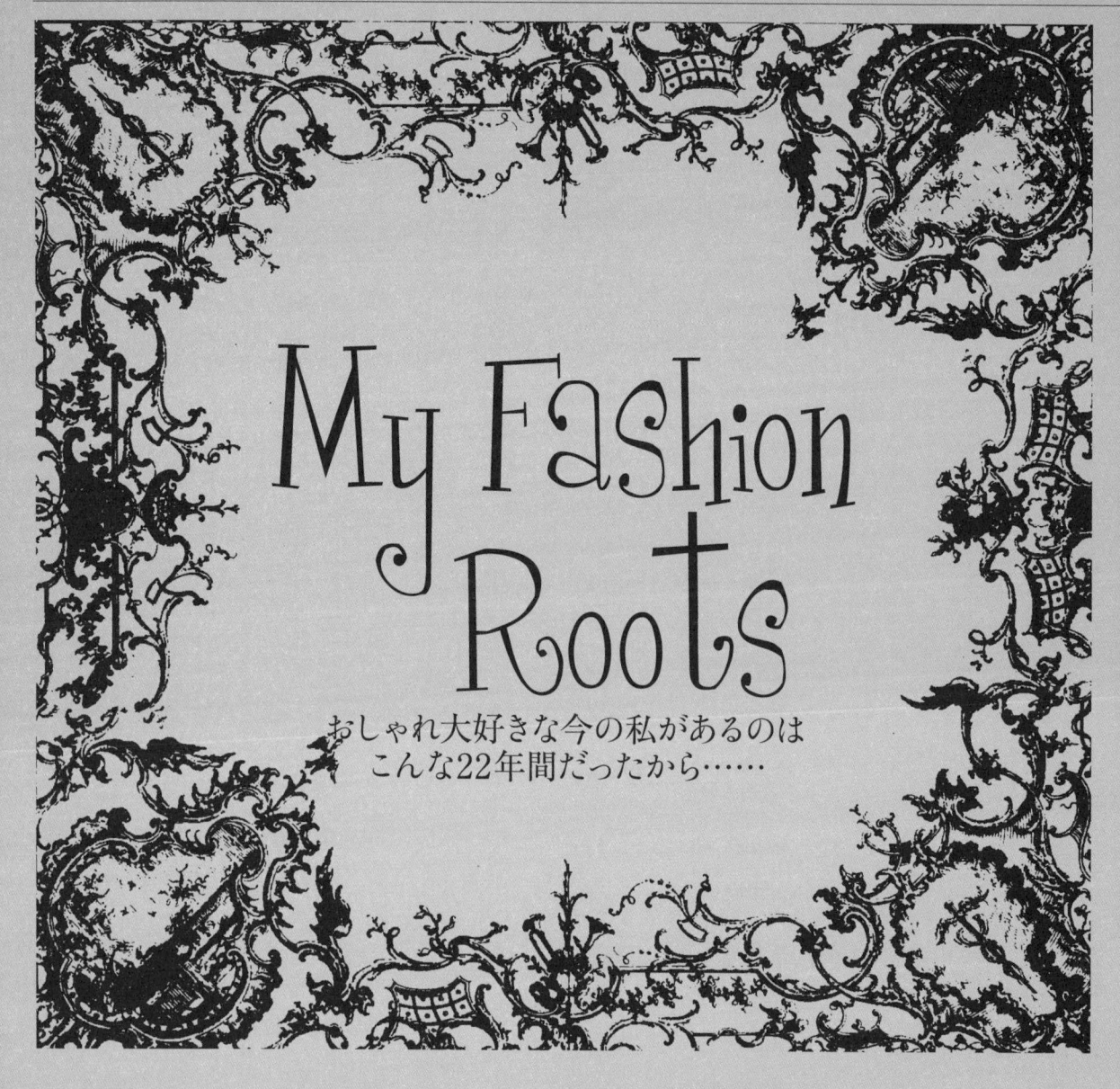

おしゃれ大好きな今の私があるのは
こんな22年間だったから……

　誰よりもミーハーで、おしゃれするのが大好きで。常にそのときのファッションアイコンを追いかけてきた私。将来の夢はいつか自分自身がそのファッションアイコンになることでした。この本を出せるまでに至った今、みんなの中では私ってファッションアイコンになれてるかな……？　もし少しでもそう思ってもらえてたら、それほど嬉しいことはないです。私がここまでおしゃれにのめり込むまでに至った22年間を語らせてください。
　お母さんの存在。私にとってお母さんはファッションの入り口に導いてくれた人。とってもおしゃれで派手なものが大好きな人で。子供にはいい服を着せるべきっていう考えの人だった。"女のコは可愛くしてなくちゃだめよ"って常に言われて育ってきて、そんな環境があたりまえだった私は、小さい頃からファッションっていうものがとっても身近にあったの。小さい頃の写真を見ると、子供では考えられない格好をしていて、まわりからは、かなり派手な家族だなって思われてたかもしれないけれど(笑)、今見てもすごくおしゃれな服着てるなって思えるから、お母さんにはすっごく感謝してるんだ。私が乗ってたベビーカーからしてすでに可愛かったってよく言われるもん(笑)。2歳くらいのときの写真で、すごくお気に入りのものがあるんだけど、当時よくはいてた真っ白いタイツに、エナメル靴にベルベットの黒ミニ、丸衿の白シャツ、サスペンダー、頭にはでっかいコサージュ、なんていうスタイル。小さい子供でそんな格好してるなんてそういないよね。一緒に写ってる弟も、同じ白タイツにベルベットのカボパンで王子様みたいだったの(笑)！　そして幼稚園のときは、髪の毛は常に編み込み。髪が引っぱられてすごく痛かった思い出がある。というよりヘアはそんな思い出しかない(笑)。お母さんが"このほうが可愛いから。小さい子は、メイクができないから、ヘアで可愛くしましょ！"って。この時代から、ヘアもファッションの一部っていうスタンスが生まれたように思うなー。そんな母だったから、小学校の入学式なんてみんなが無難にJKを着てる中、"みーちゃんはピンクハウスでいこう！"って言われて総柄のマキシ丈ワンピを着たの(笑)！　当然みんなに見られて恥ずかし

054

Style 115》144

That's Hot Styling!!

A／W　最新
私服コーデ30days！

まさにこれが今の私の気分！　もちろん全て自分で組んだコーデです。ハイブランドにSPA服をまぜるスタイルは変わらず。着回しまくりで、すごくリアルだよ。今年ハズせないアイテム、ニットとファーはとにかく着まくり。そしてそして／　A／Wのミリヤスタイルを完成させるには、フェルトの中折れハットがマストなんです。気分はパンチのあるグランジMIXなボーイッシュスタイル！

1

Top:ZARA
Salopette:dual(SHAKA)
Hat:CA4LA
Bag:CHANEL
Boots:miu miu

4

Knit:Shabon
Salopette:Beyond Retro
Hat:Vivienne Westwood
Bag:CHANEL
Boots:SARTORE

3

Coat:dual(SHAKA)
Fur:Vintage
One-piece:Erin Wasson×RVCA
Bag:ALEXANDER WANG
Boots:SHIBUYA FRONTIER

2

Jacket:ZARA
Top:ZARA
Denim Pants:Used Levi's
Sunglasses:shabon
Bag:HERMÈS
Boots:miu miu

30 Days
2010 A/W

THAT'S HOT STYLING!!

5

Coat:Shabon
T-shirt:American Apparel
Denim Pants:Used
Hat:CA4LA
Sunglasses:Chloé
Bag:PROENZA SCHOULER
Shoes:Christian Louboutin

Miliyah Style

6
One-piece:H&M
Corset:OPENING CEREMONY
Hat:KAWI JAMELE
Sunglasses:NUDE TRUMP
Bag:ALEXANDER WANG
Boots:PRADA

7
Tops:ZARA
Denim Pants:H&M
Hat:KAWI JAMELE
Bag:Urban Outfitters
Boots:miu miu

8
Knit Top:H&M
Pants:TRIMP
Hat:Vivienne Westwood
Bag:ALEXANDER WANG
Boots:SHIBUYA FRONTIER

9
Shirt:Vince
Leggings:COMME des GARÇONS
Stole:MACHINE-A
Hat:KAWI JAMELE
Bag:HERMÈS
Boots:miu miu

10
Coat:H&M
Hat:KAWI JAMELE
Sunglasses:Chloé
Bag:PROENZA SCHOULER
Boots:miu miu

11
Coat:KAWI JAMELE
Shirt:ZARA
Pants:CROWFORD
Hat:KAWI JAMELE
Bag:PROENZA SCHOULER
Boots:miu miu

058

12

Blouse:CROON A SONG
Salopette:KAWI JAMELE
Fur:Vintage
Sunglasses:Chloé
Bag:PROENZA SCHOULER
Shoes:Christian Louboutin

13

14

Rider's Jacket:KAWI JAMELE
One-piece:dual(SHAKA)
Corset:dual(SHAKA)
Hat:KAWI JAMELE
Sunglasses:Ray-Ban
Bag:HERMÈS
Boots:Urban Outfitters

Knit Top:H&M
Pants:TOPSHOP
Hat:CA4LA
Sunglasses:Moschino
Bag:GUCCI
Boots:Vivienne Westwood

15

16

17

Denim Jacket:NUDE TRUMP
Tops:SODA
Leggings:G.V.G.V.
Hat:KAWI JAMELE
Bag:ALEXANDER WANG
Boots:miu miu

Jacket:BALMAIN
T-shirt:KAWI JAMELE
Denim Pants:Beyond Retro
Hat:KAWI JAMELE
Bag:ALEXANDER WANG
Shoes:Christian Louboutin

Knit Cardigan:H&M
T-shirt:T by ALEXANDER WANG
Denim Pants:Beyond Retro
Hat:KAWI JAMELE
Bag:PROENZA SCHOULER
Boots:SARTORE

Coat:DOG
T-shirt:i-3
Denim Pants:H&M
Hat:Vivienne Westwood
Bag:ALEXANDER WANG

060

THAT'S HOT STYLING!!

18

EVERYDAY MODE, BUT CASUAL SO, IT'S MILIYAH'S STYLE!!

Jacket:TOPSHOP
T-shirt:KAWI JAMELE
Skirt:OPENING CEREMONY
Bag:Urban Outfitters

Jacket:YVES SAINT LAURENT Vintage
T-shirt:Urban Outfitters
Skirt:OPENING CEREMONY
Hat:KAWI JAMELE
Sunglasses:Ray-Ban
Bag:Urban Outfitters
Boots:Urban Outfitters

THAT'S HOT STYLING!!

22
Coat:dual(SHAKA)
T-shirt:G.V.G.V.
Denim Pants:H&M
Hat:KAWI JAMELE
Sunglasses:Ray-Ban
Bag:ALEXANDER WANG
Boots:Urban Outfitters

21
Jacket:Urban Outfitters
Brooch:KAWI JAMELE
T-shirt:KAWI JAMELE
Denim Pants:H&M
Hat:CA4LA
Bag:CHANEL
Boots:PRADA

26
Fur Vest:Sov.
Blouse:FOREVER 21
Pants:TOPSHOP
Hat:KAWI JAMELE
Bag:Urban Outfitters
Boots:SHIBUYA FRONTIER

Vest:ALEXANDER WANG
Top:TOPSHOP
Pants:H&M
Hat:KAWI JAMELE
Bag:ALEXANDER WANG
Boots:Vivienne Westwood

28

23
Top:ZARA
Shirt:ZARA
Pants:k3
Hat:KAWI JAMELE
Bag:ALEXANDER WANG
Boots:miu miu

27
Knit:TOPSHOP
One-piece:Urban Outfitters
Bag:Urban Outfitters
Boots:Urban Outfitters

25
Knit:Shabon
Leggings:H&M
Hat:KAWI JAMELE
Bag:ABACO
Boots:SHIBUYA FRONTIER

24
Shirt:TOPSHOP
T-shirt:KAWI JAMELE
Leggings:H&M
Hat:KAWI JAMELE
Bag:PROENZA SCHOULER
Boots:SHIBUYA FRONTIER

29
Blouse:Shabon
Pants:H&M
Hat:KAWI JAMELE
Sunglasses:MYKITA
Bag:HERMÈS
Boots:SANCHO

THAT'S HOT STYLING!!

Blouson:TOPSHOP
T-shirt:TOPSHOP
Pants:ZARA
Hat:CA4LA
Sunglasses:Shabon
Bag:ALEXANDER WANG
Boots:miu miu

ctions ♥

Style 145 » 168

my Colle

ヘビロテもの、ハイブランドもの、ヴィンテージもの etc.
ミリヤ's お宝コレクション公開 ♥

バッグに帽子に靴にアクセに……私のコーデを完成させてくれる、最愛の小物たち。
気づけばおうちのクローゼットの大半を占領するほど、マニア!?な量になってました。
ハイブランドもヴィンテージも、私の中での価値は同じ。どれも大切な大切なお宝だよ。
その全貌をこの本で初公開しちゃいます。

BoOts Mania

➡ T-shirt:TOPSHOP
Denim Pants:Beyond Retro
Hat:Vivienne Westwood
Sunglasses:Ray-Ban
Bag:PROENZA SCHOULER
Boots:miu miu

➡ T-shirt:G.V.G.V.
Denim Pants:Beyond Retro
Hat:KAWI JAMELE
Sunglasses:Ray-Ban
Bag:ALEXANDER WANG
Boots:miu miu

MY COLLECTIONS♥

使えすぎて気づけば
3色買いしてた miu miu ブーツ！

ヒール12cm、プラットフォーム3cm、ブーツ丈14cm。私のコーデのバランスを作ってくれている魔法の靴。年に1/4以上、このブーツでお出かけしてる。はじめに黒を買って、すごくはきやすかったの。どんな服にも合わせやすいし。それからこの靴の大ファン。思わず茶とネイビーを2色買い足しちゃったくらい。脚がきれいに見えてブーツインしても可愛いこの丈が絶妙！

← T-shirt:KAWI JAMELE
Pants:MARY MEYER
Hat:Vivienne Westwood
Sunglasses:Ray-Ban
Bag:ALEXANDER WANG
Boots:miu miu

MIU MIU LACe-uP

Heavy Use!

069 MILIYAH 300 STYLES

気づけば50個以上 クローゼットの中に あった帽子たち

やっぱり帽子ってミリヤスタイルには必要不可欠だから、毎朝出かける間際に何をかぶろうか大量の帽子中から決めてるよ。でも、気に入ったものはずっとかぶっちゃう主義だから、使ってる帽子は限られてきたりするんです。CA4LAはもちろん、KAWI JAMELE ヴィンテージが中心かな。こんな感じで積み上げてかごに入れたり、帽子箱に入れて、なんとか収納してる（笑）。

MY COLLECTIONS ♥

Hat
mania

Balenciaga mania

バレンシアガは
やっぱりなんだかんだ
使えるよね

流行りすたりなく、定期的に持ってるバレンシアガ。やっぱり機能的で使いやすいから。これらはほぼ海外で買ったもの。日本よりはるかに種類が豊富だから、海外に行くとなんだか買いたくなっちゃうんだよね。コーデに色を差すっていう意味でもすごく使えるの。一番使ってるのが赤のクラッチ。赤を取り入れるのが好きだから。

MY COLLECTIONS ♥
CHANEL MANIA

きっと永遠に
シャネルは私の憧れ……♥

黒白の世界観に惚れ込んでいるのかも。やっぱりシャネルは私にとって特別な存在。新作バッグはもちろん、洋服にも手を出して、あれやこれやと増えていくクローゼットのシャネル。基本モノトーンだから、コーデ長が合わせたくなっちゃうんだ。シャネルを身につけると、気分があがるよね。やっぱりオシャレ大好きな女のコのマドンナ的存在♥

私のバランスを作ってくれてるとびきりの靴たち

バランス命の私にとって、靴は宝物。ステキな足元で背伸びしていつもお出かけ。憧れのルブタンのピンヒールは特別なときだけはくんだ♥ 普段はブーツとかカジュアルな形が多いよ。ヴィヴィアンのブーツはロンドンのワールズエンド限定のもの。シンデレラかと思うくらい、33インチと小さい私の足にぴたっとはまって、運命を感じちゃった一足。靴が優秀なTOPSHOP。これは、なかなかない全ゴールドで、めちゃくちゃ攻め系なのがツボ。

TOPSHOP

Vivienne West wood

074

MY COLLECTIONS♥

Shoes Mania

1・憧れのルブタンは、定番のシンプルなピンヒール **2**・Oscar de la Renta **3**・ルブタンのフリンジ付き **4**・NUDE TRUMP **5**・ルブタンのスタッズブーティ **6**・GIUSEPPE ZANOTTIのサンダル **7**・VICINIのブーティ **8**・アーバンアウトフィッターズの古着 **9**・DOLCE&GABBANA **10**・SARTORE **11**・TOPSHOP **12**・GIUSEPPE ZANOTTI **13**・ルブタンの赤 **14**・すごく使えたFENDIの黒ブーツ **15**・VICINI **16**・Chloé **17**・パーティにもぴったりのmiu miuのピンクパンプス **18**・YVES SAINT LAURENTのブーティ。サンローランはとってもはきやすいの **19**・YVES SAINT LAURENT

RAND MANIA

バッグだけはイイものを持とうって決めてるんだ

お店に行ってひと目惚れしたことがきっかけ、そんな運命的な出会いのバッグばかり。やっぱり毎日持つものだから。ハイブランドバッグも大きめなものが自然と集まっちゃう。長財布とiPadと携帯2個持ちと……私って意外と大荷物なタイプだから。服がカジュアルな分、バッグはいいものを持ってコーデを高く見せる、それが私のルールです。最近のヒットはプロエンザとプラダのトート。

YVES SAINT LAURENT

GUCCI

YVES SAINT LAURENT

PRADA

PROENZA SCHOULER

→フラップバッグが今気になる存在。このプロエンザスクーラーPS1はすごく使えるよ。くたっとした感じが、ゆるシンプル服にぴったり。

076

MY COLLECTIONS ♥

↳ 財布を買おうと思って、なにげなく入ったプラダのお店で見つけちゃって即買い。6万円台と買いやすい値段なのも嬉しい。

JIMMY CHOO

JIMMY CHOO for H&M

PRADA

HIGH BAG

HERMÈS

MCM

HERMÈS

077 MILIYAH 300 STYLES

Vintage Denim

KEY NECKLACE

Cardigan

Vintage Belt

Vintage Kelly

出会いものの
ヴィンテージデニムこそ
ミリヤスタイルの宝物♥

すべてロンドンのBeyond Retroでゲット。ヴィンテージショップで買うデニムは普通のお店にはない形が一番の魅力！　ウォッシュ具合とか形とか、同じものは一つとしてない。こんなデニムを合わせることで、×Tシャツの無難コーデもおしゃれに見せることができるよ。

これは出会っちゃったって感じ♥　値は張ったけど、買ってよかった。普通のハイブランドでは出せないおしゃれ感が出て、人と差がつく品。

MY COLLECTIONS ♥

Vintage Fur

ヴィンテージショップで出会った、$100くらいのファーコート

シングル「20-CRY-」のジャケ写でも着ているこのコート。出会いはN.Y.のブルックリンのTenth Single。裏地の柄に惚れて速攻買っちゃった。プードルファーっぽい毛と丸衿のデザイン。これは絶対日本では買えないって思ったの。ファーコートは絶対ヴィンテージショップで買うべき！　昔の服だから重いんだけどね。その重さが高級感があって私は好き。このコはもう一生離さない！

VINTAGE MANIA ♥

Sunglasses:C.C.COUNTRY
(SABRE)

GLASSES MANIA!

MY COLLECTIONS♥

Sunglasses:OPTICAL TAILOR CRADLE (ALEXANDER WANG)

attention! SUN

03_ALEXANDER WANG

04_MOSCHINO

07_Ray-Ban

08_COACH

11_Shabon

12_NUDE TRUMP

15_CHANEL

16_Ray-Ban

17_JOYRICH

18_robert cavalli

MY COLLECTIONS ♥

01_Chloé

02_Ray-Ban

05_SUPER

06_NUDE TRUMP

09_YVES SAINT LAURENT

10_Disney

13_MYKITA

14_SUPER

01・やっぱり使えるクロエのこの形！ 茶色がイイ 02・顔が小さく見える形。ほぼ毎日かけてる 03・コレクションを見てひとめ惚れ。22歳の誕生日にスタイリストさんからもらったの 04・リアル使いできるハート形がお気に入り 05・トリコロール柄が可愛いでしょ 06・もらいもの 07・ティアドロップなら絶対レイバン！ 08・もらいもの 09・かなり前に購入 10・ディズニーでやったViViナイトに出たときに購入。やっぱりディズニーではかけたくなるよね！ 11・ヘビ柄。こういうデザインは古着でしか見つからない 12・丸サングラスがまだ全くなかったときにヌードトランプで見つけたの。さすが、ヌードトランプ！ 13・L.A.のオープニングセレモニーでゲット 14・SUPERの形って自分の顔に合ってる 15・メアリー・ケイト・オルセンがかけてた丸サングラスをマネっこ 16・ロンドンで購入 17・シンプル服に合わせたい攻めサングラス 18・ピンクっぽい大きいレンズがちょっと昔っぽくて可愛いの

Miliyah's
SUNGLASSES

Shirt

Style 169 » 173

Simple T

シンプルTを
格上げする方法、
教えます！

私のスタイルって基本の基本は実はシンプルT。KAWI JAMELEでも特に力を入れてる部分だよ。そこに小物や着方でパンチを加えてコーデが完成するっていうのが王道ミリヤスタイルの仕組み！　そんな、絶対に欠かせないシンプルTの格上げ術をココでレクチャー。私のご指名シンプルTブランドも紹介します！

Miliyah's Special Hat Collections

CA4LA

Ralph Lauren

Vivienne Westwood

Shabon

2 with Impact Hat!!

大きくてインパクトのある帽子をかぶる！

KAWI JAMELE

KAWI JAMELE
インパクトのある大きめの帽子をかぶるのは、シンプルTのときによくやるテク。今年の秋はツバが広めの中折れ帽とかかぶりたい。ヴィンテージデニムを合わせたのが、おしゃれで特別感もアップ。

T-shirt:KAWI JAMELE
Salopette:Beyond Retro
Hat:KAWI JAMELE
Sunglasses:Ray-Ban
Bag:CHANEL
Boots:miu miu

1 with Flap Bag

フラップバッグを持って
ちょっとおじMIX

T by ALEXANDER WANG
↑上下T byのシンプルコーデ。全体的にゆるいシルエットだけど、大きめTシャツをあえてインして着て、かっちり感を出すのが重要。そんなメリハリがシンプル服を着るときのルールかな。いかにもなハイブランドバッグを合わせるより、フラップバッグでさりげない感じと、ちょっとメンズライクな雰囲気が差がつくポイント。

T-shirt:T by ALEXANDER WANG
Short Pants:T by ALEXANDER WANG
Hat:CA4LA
Sunglasses:Ray-Ban
Bag:Urban Outfitters
Shoes:Christian Louboutin

Hot Now!!! PROENZA SCHOULER

SIMPLE T-SHIRT

3 with Impact Necklace
インパクト大な大ぶりネックレスをつけてみる

Miliyah's Recent Boom Heart Pendant
アフリカのお土産 ♥

FOREVER 21
シンプルTのときに、胸下くらいまでくるロングのインパクトネックレスをつけるのは私の定番。縦長効果もあるしね。今はこのハートのネックレスか、クロスがすごく気になる！

FOREVER 21
ラフにシャツをはおってみても。バランスを考えたら、こんなときは絶対インスタイル。ハットの中に髪をすべて入れてサングラスをかけるのって、ボーイズライクで可愛いと思う。

T-shirt:FOREVER21
Shirt:ZARA
Denim Pants:NINE
Sunglasses:Chloé
Hat:CA4LA
Bag:HERMÈS
Shoes:Christian Louboutin

A Higher Rank Items with T-shirt!!

T-shirt:FOREVER 21
Short Pants:KAWI JAMI
Hat:HERMÈS
Sunglasses:GUCCI
Bag:CHANEL
Shoes:DOLCE&GABBA

4 with Brand Sunglasses
ブランドもののサングラスをかけてみる

Love Sunglasses!!

Ray-Ban

Chloé

TOPSHOP
王道とはちょっと違う、おしゃれフレームのサングラスを堂々とかけてみて。やっぱりRay-Banが好きだな一私。Tシャツはこうやってレイヤードして着ることもよくあるよ。一番あわせちゃうのが上からベスト。

T-shirt:TOPSHOP
Corset:MACHINE-A
Shirt:TOPSHOP
Short Pants:TOPSHOP
Sunglasses:Ray-Ban
Bag:CHANEL
Boots:NUDE TRUMP

5 with Hat & Sunglasses W Use!!
ハットとサングラスのW使いでヘアも入れちゃう！

Best of Best
Simple-T

American Apparel

TOPSHOP

I love you.

KAWI JAMELE

着て実感!
Tシャツ番長的
シンプルT名品はコレ!

私がシンプルTに求めるもの。まずはゆるいサイズ感。あとは肌触りのよさ。肌に直接触れるものだから、Tシャツは着ていて気持ちイイものを選びたい。そして、一度洗ってくたっとしてしまっても逆に味だと思えるくらいのイケてる素材感。よれることで逆にかわいくなっていく素材ってあるんだよね。あとはデザインやカットがオリジナリティあるブランド。そんなミリヤ的厳しい選考基準をクリアして、はれて今クローゼットの住人であるTシャツたちがコレ。中でもT by ALEXANDER WANGはやっぱり特別だな〜。

SIMPLE T-SHIRT

T by
ALEXANDER
WANG

HOT NOW!

OnICON

Style 174 » 198

asAFAshi

ミリヤが
流行らせたもの♥

いつかファッションアイコンになりたいって思ってた。雑誌で私のファッションを取り上げてもらえるようになってから、街を歩いていても感じるの。歌っている私以外に、おしゃれをしている私に女のコが注目してくれてるって。すごく嬉しかったんだ。私らしさっていうのが今の女のコのファッションの軸になってくれてる。こんな幸せなことってない！

MILIYAH HAIR ♥

1

ViVi2009年7月号

ミリヤが流行らせたもの
ミリヤヘア

「ときは2008年8月……、自分を何か変えたくて髪をばっさり切ったの。アルバム『TOKYO STAR』のときに自分はもっと変われる、もっと上にいけるんじゃないかって、ずっともやもやしていて。何か自分の中で抜けきれてないものがある気がして。で、単純に長い髪を切ってみようって思ったんだ。初めて会ったBEAUTRIUMの川畑さんに重めのボブにしたいってひとこと言って生まれたこの髪。前髪を作ったのも初めてで当時慣れなくて、ヤバイ切りすぎたって思ったんだけど、これを機に自分の中で何かが変わったのが分かったの。着たい服も変わったし、みんなに可愛いね、って言われるようになった。今まで強い自分を作り出してきてたけど、可愛い自分もアリかもって思えるようになって。雑誌で○○ちゃんヘアになりたいっていうような企画で、海外セレブに並んで出ていた私にびっくり&感動。速攻切り抜いた思い出があるよ」

街のどこを見ても、女のコが内巻き・前髪ぱっつん・重めボブヘア。このヘアなくして当時のおしゃれは完成しないといっていいほど、ファッション界・美容界でブームを巻き起こし社会現象に。セットでカンカン帽やミリヤ帽をかぶるのがミリヤーの証でした。

MILIYAH HAIR

As a Fashion Icon

加藤ミリヤ『PASSION』より。撮影：TOMMY

2

ミリヤが流行らせたもの
ヴィンテージ

「現代で作る服では成しえない形に惹かれたのがヴィンテージ服に興味を持ったきっかけ。まわりとは違った印象になるしね。それが今、古臭い形が好きっていうのにつながってるんだと思う。スタートはCABARETのような可愛い系、今はNUDE TRUMPみたいなカジュアルでクールな感じに好みも変わってきてる。ファッションだけじゃなくて、これを機に部屋のインテリアもそういう雰囲気にしはじめたなー」

厳密にヴィンテージかどうかなんてどうでもいい、ヴィンテージ風＝おしゃれっぽい！っていうマインドが世の女のコに広まったのは、加藤ミリヤが"ヴィンテージ"というフレーズを使ったことから。

Hat:Shabon
All-in-one:Shabon

Hat:Shabon
One-piece:Shabon

Hat:Shabon
One-piece:Shabon

「日本でヴィンテージ服を買う場所といえば、CABARETやNUDE TRUMPが定番だけど、海外に行ったときこそ、ヴィンテージショップめぐりをするべき。L.A.のShabonに行ったときには試着しまくって、帽子を中心にいろいろお買い物。時々コーディネートに組み込むだけで、こなれ感が出ておしゃれになるんだ。絶対にどこにも売ってない形がイイ！」

Basket
ヴィンテージ系にはバスケット！

「バッグはハイブランド派の私も、ヴィンテージ服の日だけはバスケットを持ちたくなる。可愛い印象になれるアイテム」

VINTAGE

094

as a Fashion Icon ❤

Vintage∞

One-piece:CABARET
Hat:CABARET
Bracelet:CABARET
Long Necklace:
LAKIC
(STOLEN GIRLFRIENDS CLUB)
M Necklace:rosebullet
Boots:GARTER

3

ミリヤが流行らせたもの
赤リップ

「2年前のコレクションを見て、よりスタイリッシュに見える赤リップをやってみたいなって思ったんだ。でも当時はスタッフのみんなにもなかなか理解してもらえなくて。ヘアメイクさんのアドバイスで薄づきリップからやってみたの。赤にもいろんな赤があるんだって知って。結果、今となっては真っ赤を攻略するまでに至りました。初めてつけたのはWHYのPVだったなー。その日の自分をどう見せたいのか、服と相談して赤の色味を決めてるよ。強い印象になるのと同時に、私の中ではちょっと可愛くなるって思ってるんだ」

赤リップってケバい！ そんな概念を払拭させたミリヤリップ。カジュアルな服を着る女のコが、こぞって赤リップを塗る時代。メイクを超えたファッションテクとして今やすっかり定着したテク。

Red Lips

↓M・A・C／私物

私はこの4本を
気分によって使い分け
1.M・A・C LIPSTICK DUBONNET
2.TOMFORD LIP COLOR
ROUGE A LEVRES TRUE CORAL
3.ADDICTION monroe walk 0010
4.CHANEL
ROUGE ALLURE LAQUE 79

PAUL&JOE
LIP LACQUER
09

←CHANEL／私物

1.最上級にクールにキメたい日にはコレ。濃くて深い赤で超マット。とってもカッコいい印象に仕上がるよ。上からPAUL & JOE リップラッカー09をのせてちょっとつや感をプラス。2.オレンジ系の赤。ピンクチークに合うから、ちょっと子供っぽい感じにしたいときオススメ。一番カジュアルかも。(2は日本未発売ですがBuyMaで買えます) 3.ザ・ベーシックな赤。発色がよくて、くすみのない感じ。カンカン帽などカジュアルアイテムにもなじむ万能カラーだと思う。4.グロスのようなタイプだから、ツヤっとした仕上がり。やんちゃ系コーデをしたい日につけてるよ。

RED LIP

096

as a Fashion Icon ♥

Leggings as Pants 4

ミリヤが流行らせたもの

レギンスをパンツとしてはく

「単純に楽だからだよ〜（笑）！ 確かに最初、股を見せて歩いている姿をみんなに突っ込まれたなー。でも私、もともと気にならなくて。薄手だし、脚がすらっと見えるからスタイルもよく見えるの。そのうちオーバーサイズのトップスが流行してくれたことで、この着こなしが晴れて世に広がった気がする。長めの丈が腰まわりをかくしてくれて、はきやすくなったんだよね」

かなり大胆なその着方は海外セレブの間だけのことと思われていたが、ミリヤがやったことで等身大のファッションスタイルに。やってもいいんだよ！とGOサインを出してくれたことでファッションアイコンとしてのミリヤがまた確立。

Cardigan:OSHIMA REI
T-shirt:kitson
Leggings:H&M
Hat:CA4LA
Bag:CHANEL
Boots:FENDI

Simple black leggings

Fur:kitson
Rider's Jacket:ALEXANDER WANG
Parka:TOPSHOP
Leggings:COMME des GARÇON
Bag:YVES SAINT LAURENT
Boots:Lovefool

Knit One-piece:
Chimera Park
Leggings:
American Apparel
Bag:PORTER
Boots:CHANEL

Knit:TOPSHOP
Leggings:ZARA
Fur:Shop in PARCO
Bag:BALENCIAGA
Shoes:
DOLCE&GABBANA

Blouse:ROSE BUD
Leggings:American Apparel
Hat:Mayser
Sunglasses:Chloé
Bag:TOPSHOP
Shoes:CHANEL

Impact leggings

Knit:SONIA RYKIEL
Cut&Sewn:
American Apparel
Leggings:TOPSHOP
Bag:Urban Outfitters
Sunglasses:Ray-Ban
Shoes:TOPSHOP

→Denim Jacket:NUDE TRUMP
Leggings:TOPSHOP
Head Accessory:MARC JACOBS
Bag:JOYRICH
Boots:Urban Outfitters

Cardigan:D&G
T-shirt:American Apparel
Leggings:FOREVER 21
Hat:CA4LA
Bag:CHANEL
Shoes:pedro garcia

LEGGINGS

098

as a Fashion Icon ❤

Vest: TOPSHOP
T-shirt: KAWI JAMELE
Leggings: H&M (Customized)
Hat: CA4LA
Boots: Vintage Versace

Broken Leggings

ミリヤが流行らせたもの **5**

やぶれレギンス

「単純にやぶれたレギンスが売ってなかったから、自分でやぶいちゃえって思って。デニムをやぶくことが流行っていたときで、だったらレギンスもやぶいたってアリなんじゃないかって思ったの、軽いノリで(笑)。そしたらみんなにすごいねー、斬新だねって言われて、いつの間にか話題になってた。当時はロックな自分のスタイルをいろいろ試してみたくて。どこでも安く買える黒レギンスだから、誰でもマネできるし、いいリメイク法だったなーって思います」

定番化していた黒レギンスを新鮮にさせたこのテク。当時はTVでもミリヤ発と紹介されるほど話題に。

6

ミリヤが流行らせたもの
まんまるピンクチーク

「自分の顔を研究した結果、自分を一番可愛くみせる方法がこんな感じのメイクだったの。頬骨にキレイにのせるより、ポンとまあるく頬の内側にのせると、よりドール系の顔に近づくよ。濃いめのピンクを細いめのはけでポンポンとのせて。面積は小さくてOK。キレイに見られたいなんて思わない、常に可愛いって思われたい♥」

お人形さんみたいなドーリーメイクで、女のコの可愛らしい部分を引き出した盛りメイクはミリヤが発信元。いかにも、なのせ方が可愛いと、ピンクチークをマネする女のコが続出。

Round Pink Cheek

MILIYAH MAKE-UP

as a Fashion Icon ♥

7

ミリヤが流行らせたもの
描く下まつげ

「外国人風のドール顔に憧れるから、とにかく可愛い印象の顔を作りたいって毎日思ってる。そこでやってるのがまつげを描いちゃうテク。目の下からあごまでが短いと女のコって可愛い印象になるの。だから下まつげを描いて目を大きくお人形さんみたいに見せてる。決まりはいつも3ヵ所入れるってこと。目頭側は黒目の内側が目安。線ではなくぐいぐい濃く太く。黒のアイラインで入れたあと、茶のペンシルで上からなぞるのがポイント」

つけまつげ、エクステをつける、そんなテクはあたりまえだった中、まつげを描いてしまう大胆な方法はミリヤ発〟 長さよりも何よりも、ボリューム感が命。ミリヤがやってから、いつしかみんながゴテッとドールアイに変化。

Drawing Eyelash

元祖ミリヤ帽はコレ！

8 ミリヤが流行らせたもの
ミリヤ帽

「ミリヤスタイルにはいつだって、やっぱり帽子が欠かせない！ちょっとインパクトのあるものをかぶってコーデを普通に見せないのがポイント。ボブに帽子をかぶってる女のコの姿は確かに毎日のように見かけて、私自身、リアルにその流行を感じてました。ライブでも私みたいなコがたくさんいるーって思って。すごく嬉しかった！」

ミリヤボブに帽子をかぶる女のコが街にあふれ、いつしかその、乗馬帽とキャスケットをミックスしたような帽子が "ミリヤ帽" と呼ばれるまでに発展した現象。更なるCA4LAブームを巻き起こすことに。

NEWS
MILIYAH 300 STYLES 発売を記念して

CA4LA × KAWI JAMELE × MILIYAH

トリプルコラボの
ニューミリヤ帽が発売!!

コダワリ1 つばが大胆な折り返し

コダワリ2 リボンはレザー

コダワリ3 絶妙な中折れ

コダワリ4 かためフェルト素材

コダワリ5 アンティークっぽいクロス

コダワリ6 トリプルコラボのタグつき

ハットの色やクロスなどこだわって作りました！

「秋冬は毎日コレってくらい、欠かせないフェルト中折れ帽。カンカン帽とかミリヤ帽のイメージが強いと思うけど、実際普段一番かぶってるのって中折れなんだよね。つばが広めで深めの帽子が今年は絶対に使えると思うんだ。ってことで作っちゃいました。CA4LAのディレクターさんと打ち合わせを重ねて、こだわりにこだわった帽子だよ。今気になるクロスのチャームを付けたのが最大のポイント。どんな服にも合うグレーだから取り入れやすいと思う！こうやって髪を中に入れてボーイッシュにかぶるのが今はオススメ」

トリプルコラボ
New ミリヤ帽

豪華トリプルコラボハットは、9月30日〜数量限定発売／ 全国のCA4LA、KAWI JAMELEで購入できます。売り切れ必至だから、急いで!! ￥10500／CA4LA（CA4LA×KAWI JAMELE×MILIYAH）

Hat

MILIYAH HAT

as a Fashion Icon ♥

Hat:
CA4LA SHOW ROOM
Sweat:
dual OMOTESANDO
(AVEC GIRLS)
Leggings:
dual OMOTESANDO
(Auslander)
Cardigan:
ZARA JAPAN(ZARA)
Boots:
HEATHEN by MIDWEST
(OPENING CEREMONY)

Miliyah

Up Coordinate

DreSS

Style 199 » 214

パーティの日の
ドレスコーデ

誕生日やレセプションなど、いつもより特別なお洋服を着て出かけるパーティの日。何を着ていけばいいか迷っちゃうのは当然。キレイめワンピを一枚着ていけばそれでOKではあるけど、私はそのシーンによってがらりとイメージを変えてるよ。もちろんガーリーなときもあれば、ときにはめちゃくちゃボーイッシュなときもある。"ワンピが無難だよね"なんていう概念は捨てて、好きな服で自分らしくおしゃれしたいって思うんだ。

One-piece:
Hypnotique
Shoes:R&E
SHIBUYA 109

girLs Like

お人形さんみたいに
とことんガーリー♥

ガーリーにしたいときはやっぱりワン
ピ1枚がイイ♥ レセプションや結婚
式など、わりとオフィシャルな場では
こっち派。ワンピはヴィンテージのも
のを選ぶのが私のこだわり。普通にな
らないし、まわりとかぶらないから。
リップも赤やピンクの濃いめをのせて。
靴下テクやヘアアレンジでドーリーな
女のコになりきるよ。

DRESS UP COORDINATE

BOYS LIKE

男のコみたいな
やんちゃマニッシュ

友達の誕生日会など、わりとラフな場ではボーイッシュにキメちゃう！ ただかっこイイだけじゃつまらないから、遊びを利かせたやんちゃなマニッシュがいいな。派手に柄を取り入れたりダメージレギンスでハードな感じもMIXしたりして。EVIL TWINのレギンスはわりと手頃な値段だし、こういうときオススメだよ。あと、ハットは欠かせない！

Jacket:NUDE TRUMP
T-shirt:KINSELLA
Leggings:
THE WALL SHOW
ROOM(EVIL TWIN)
Hat:Hypnotique
Boots:R&E SHIBUYA 109

Let's Party

Miliyah's Dress up Style Snaps!!

↓N.Y.コレクションに行ってきたときの一コマ。流行最先端のこの場所で、ちょっと派手に明るくして柄MIXでおでかけ。現地でまわりの人が"ステキだね！"って言ってくれて嬉しかった〜♥

2008 S/S N.Y Collection

22nd my Birthday

21st my Birthday

20th my Birthday

↑なんとユニオンジャックのケーキ！
↓20歳の誕生日はジルスチュアートの白ワンピ。そして夜はCHANELのドレスを着ておでかけしました。

→大きいリボンがついたマーク ジェイコブスの白ワンピ。スタッフさんや友達が、バースデーパーティをしてくれました♥

DRESS UP COORDINATE

Vivienne Westwood Fashion Show

Stylist "Tessan"'s Birthday Party

←「てっさん」ことスタイリスト西村哲也さんの誕生会！YSLのヴィンテージJKを着てカッコいいマニッシュスタイル。肩幅がめちゃくちゃ広くて、昔っぽい形がおしゃれ。絶対人とかぶらない！

↑カッコよくしたいときは逆毛を立ててアップヘア。→JKなど、かっちりアイテムを取り入れれば、破れレギンスを着てもアリ！

FOREVER 21 RECEPTION PARTY

←FOREVER 21の服でパーティスタイル。キバリすぎずカジュアル感があるコーデがパーティの場では逆におしゃれだったりするよね。

"THIS IS IT" Japan Premium

Alicia Keys Billboard Live

↑アリシア・キーズが来日したときに行ったビルボードライブ。バルマンJKに中折れハットでお高めカジュアル。

H&M PARTY

↑'80sを意識してチュチュはマドンナ風、全体的にマイケル風のスタイルに。バルマンJKを着て特別感アップ。

The Twilight Saga: New Moon Press Release

→ロバート・パティンソンと記者会見。ヴィヴィアンのワンピを着たよ。無難にならないドレスコーデはヴィ・ヴィアンがオススメ！

PARTY COLLECTIONS

JILL STUART

CABARET

ginger+olivia

DRESS UP COORDINATE

MILIYAH'S DRESS

CHANEL

BLU GIRL

KTZ

↑このCHANELのドレスは20歳の誕生日の記念に買ったの。その他は、N.Y.に行ったときに着たり、結婚パーティーにおよばれしたときに着たりしました。

Miliyah's Shopping Address For Girls

ミリヤ的おしゃれ指南あれこれ

高くなくても
きっと喜ばれる！

ミリヤ的
ベストプレゼント3！

It's My Best Present!

バルーン くま×ハート¥3045、ピンクハート¥735、クリア（バルーンinバルーン）¥1155／タキシード ベア

タキシードベアのくまMIXバルーン

これを持って登場したら、ちょっとしたサプライズになるよね。風船に4000円〜5000円くらいかけるのって、すごく贅沢で特別な感じがする♥ このくまちゃん風船は私のお気に入り。全体をポップな赤系でまとめると可愛い。

MILIYAH'S SHOPPING ADDRESS FOR GIRLS

ソイキャンドル各¥5040、kitson Japan（ARCHIPELAGO）

ARCHIPELAGOの イニシャルソイキャンドル

あげる人のイニシャルをプレゼントできるからオススメ。ケースについたクリスタルがすっごく可愛いの。イニシャルごとに香りとケースの色も違うので2個セットであげたりしてもいいかも。

for... MILIYAH'S PRESENT SELECTION!

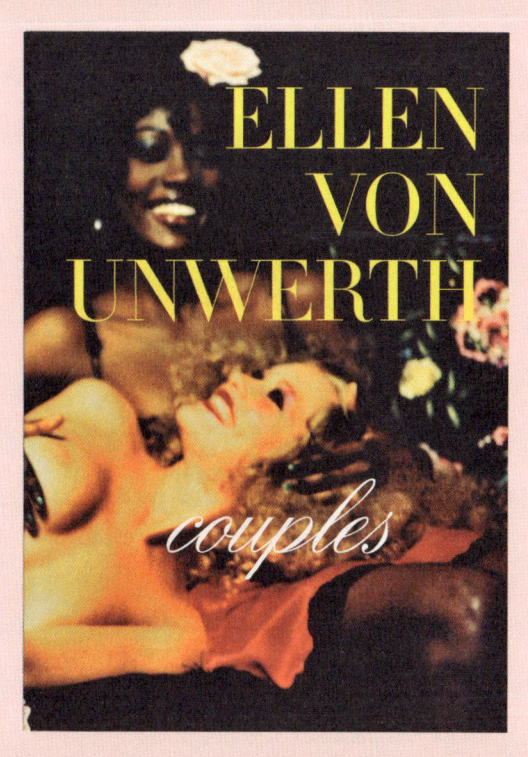

ファッション写真集

おしゃれ大好き、可愛いものが大好きな女のコなら絶対喜んでくれるはず。この写真集のようにカラフルで派手なものが見かけも可愛くてプレゼントにぴったり。渋谷パルコの本屋ロゴスが色々揃っていてオススメだよ。

写真集／私物

for... MILIYAH'S PRESENT SELECTION!

Who is it for? —誰にあげる？

for Girlfriend —女友達

LADURÉEの ルームキャンドル

↑ルームキャンドル各¥7140／LADURÉE JAPAN

私も実際生日にもらったことがあって、嬉しかったから♥ カラフルなマカロンカラーに女のコは弱いよね。インテリアとして置けるキャンドルは喜ばれること間違いなし！

for Boyfriend —彼・好きな人

→ウイングチップレースアップブーツ¥99750／プラダ ジャパンカスタマーリレーションズ

PRADAの 黒レザー靴

男の子にはおしゃれな靴をあげたい。黒でハードめなものがあるPRADAはオススメだよ。スニーカーみたいにカジュアルじゃないものがいい！

Yves Saint Laurentの ビッグバッグ

パソコンが入り、A4以上の書類が入る大きさの使えるバッグといえば、やっぱりYves Saint Laurent。ビジネスライクな黒が使いやすいし、実用的だから、絶対にハズさないよ。

for my Superior —年上・仕事関係

←HAMPTONS ボストンバッグ¥141750／グッチ グループ ジャパン イヴ・サンローラン ディビジョン (Yves Saint Laurent)

↑バッグ／私物

そのときのIt Bag

for Family —家族

セレブやおしゃれな人がこぞって持ってる、そのとき一番流行っているハイブランドバッグってあるでしょ。それをあげたら特にお母さんは絶対に喜んでくれるはず。例えば今年でいったらセリーヌだよね。

MILIYAH'S SHOPPING ADDRESS FOR GIRLS

～¥2000台

hanky pankyのTバック

気軽にあげられる2000円台のプレゼントは私ならTバック。ちょっとしたものだけど、パンチがあるから。伊勢丹で売っているhanky pankyは、肌触りがよくてオススメだよ。

↑約20色あるから、セットであげても可愛いかも。タンガ各¥2940／伊勢丹新宿店本館2F マ・ランジェリー（hanky panky）

～¥5000台

ル・ベスベのブーケ

定番のお花のプレゼントだからこそ、私はお店にこだわりたい。南青山のル・ベスベがオススメだよ。ベージュピンク系のブーケで大人可愛いアンティーク風にまとめるのがお気に入り♥

ブーケ¥5000〜／ル・ベスベ

～¥6000台

シンシアガーデンで買えるマッサージオイル＋プロテクトバーム

BADGERのボディオイルはパッケージが可愛い。イボルビングの香りがお気に入り。私はこれでお風呂上がりにマッサージしてるよ。ボトル1本よりバームをセットにしたほうがプレゼントっぽいよね。

→左・バジャー マッサージ＆ボディオイル イボルビング118㎖¥4725、右・同プロテクトバーム21g ¥1365／シンシアガーデン

¥8000〜¥10000台

k3の遊びT

コーデにハズしが加わる、いわゆる"遊びT"をあげてもいいかも。k3オリジナルのものだと、1万円以内で買えるよ。k3で買ったっていうのがおしゃれ。Tシャツの形も流行ど真ん中！

←Tシャツ各¥9450／k3 OFFICE（k3 & co.）

THE LAUNDRESSのランドリーセット

香りはもちろん、見た目も可愛いランドレスは、置いているだけでも可愛いアイテム。洗剤や柔軟剤がセットになったバケットキットはプレゼントに最適。

←デイリーウォッシングバケットキット¥21000／アントレスクエア

¥10000〜¥20000台

in each case of budget
――予算別なら？

¥20000〜¥30000台

GLOBE-TROTTERのヴァニティケース

トランクはさすがに無理だけど、小さいBOXならプレゼントにぴったり。コスメなどを収納できるヴァニティケースだから、女のコに喜ばれるよ。インテリアとしても可愛い。個人的には赤が好き！

↓13インチ ヴァニティケース¥68250／ヴァルカナイズ・ロンドン（GLOBE-TROTTER）

¥30000〜¥50000台

Borsalinoの中折れ帽

ずっと使えて特別感のある帽子っていったらボルサリーノ。定番のフェルト中折れ帽は人を選ばず誰でも使えるものだから、プレゼントにはぴったり。深めでつば広の形もイケてます！

↑中折れハット¥34650／ボルサリーノジャパン

G.V.G.Vのサングラス

レイバンほど定番すぎず、でもおしゃれでセンスが光るブランドのサングラスをあげたい。G.V.G.Vがおしゃれだよね。コレは白フレームのでかめレンズっていうのが昔っぽくて好き。

↑サングラス¥32000／k3 OFFICE（DITA×G.V.G.V.）

¥50000〜¥70000台

¥80000〜

Christian Louboutinのパンプス

女のコの憧れ、ルブタンは特別な親友にあげたい。シンプルなデザインで黒がいいと思う。とっておきの日に履いてね、ってことで、ヒールはできるだけ高めで、見た目も可愛いものがいいな♥

→パンプス（クリスチャンルブタン ジャパン限定商品）¥84000／クリスチャンルブタン ジャパン

shopping for VINTAGE
レディ系ヴィンテージものを買うなら
CABARET

ヴィクトリアン調の店内には、レディなヴィンテージアイテムがたくさん。ちょっとしたパーティーのワンピや小物もココでゲットするのがオススメ。

Shop Data　address:渋谷区神南1-14-1 コーポナポリ201 ☎03-3462-0022 open:12:00〜20:00

shopping for SOCKS
靴下を買うなら
NADIA FLORES EN EL CORAZON

定番ものから派手なものまで、靴下はココにお任せ！とにかく種類が豊富なの。衣装でも、可愛いなって思った靴下がNADIAってこともすごく多い。

Shop Data　address:渋谷区神宮前4-28-29 ☎03-5772-6661 open:12:00〜20:00

shopping for ACCESSORY
アクセ・靴・帽子を買うなら
NUDE TRUMP

小物を中心に、そのときのリアルクローズじゃないものをあえて買う場所。他では売ってない形が多いから。Gジャンとかデニムアイテムも形が古臭くてオススメ。

Shop Data　address:渋谷区神南1-12-14 星ビル3F ☎03-3770-2325 open:13:00〜21:00

shopping for HAT
帽子を買うなら
CA4LA

説明するまでもなく、いつもお世話になっているお店。ココの帽子はやっぱり形がイイ。代官山店によく行くよ。

Shop Data　address:渋谷区代官山町17-5 代官山アドレスE-204 ☎03-5459-0085 open:11:00〜20:00

shopping for JUNK ITEM
ひとくせアイテムを買うなら
光

はやとちり

高円寺っておしゃれの穴場スポット！ スタイリスト西村さんに教えてもらったこの2店は、小物を中心に遊びアイテムがたくさん。本当、ぶっ飛んでる感じがツボ！ 一度行ってみてほしいな。

shopping for INTERIOR
インテリ、家具を買うなら
THE GLOBE

おうちの家具もココで揃えたものが多いよ。ヴィンテージ系のお部屋にするならオススメ。

Shop Data　address:世田谷区池尻2-7-8 ☎03-5430-3662 open:11:00〜20:00

Shop Data 　雑誌等で着た衣装がココのってことが多い。気になる小物が多いよ！ address:杉並区高円寺南3-48-2 グリーンプレイス102 ☎03-3312-3142 open:13:00〜21:00

Shop Data 　ハードでエキセントリックな印象のお店。address:杉並区高円寺北3-4-11 ☎090-7818-3729 open:15:00〜22:00（月〜水、金）、13:00〜22:00（土日祝）

shopping for
WILD&JUNK ITEM
奇抜でやんちゃなアイテムを買うなら
CANDY

派手な色や変わったシルエットのデニムなど、'80sっぽいアイテムが豊富に揃うココ。カジュアルに人と差をつけたいならオススメ。

Shop Data　address:渋谷区宇田川町18-4 FAKE1F ☎03-5456-9891 open:12:00〜22:00

shopping for
HIGH FASHION VINTAGE
エッジーでおしゃれなヴィンテージアイテムを買うなら
Sister

ここもスタイリスト西村さんに教えてもらった店。ちょっと女らしくてエッジの効いた服や小物がたくさん。状態もよくてお手ごろ価格。ブランドものもあるよ。

Shop Data　address:渋谷区宇田川町18-4 FAKE2F ☎03-5456-9892 open:12:00〜22:00

Where to go to shopping for...

これを買うならココへ行く！
ミリヤのご指名ショップ

MILIYAH'S SHOPPING ADDRESS FOR GIRLS

@ ISETAN
伊勢丹新宿店のまわり方

私にとって夢の国♥ ハイブランドの靴・バッグや最新ビューティーコスメをとりあえずチェックするよ。目の保養の場です(笑)。

Shop Data 
address:新宿区新宿3-14-1 ☎03-3352-1111（大代表） open:10:00〜20:00

START → 1F SHOES FLOOR
伊勢丹に行く一番のお目当てはココ。憧れのルブタンをはじめ、ハイブランド靴がたくさん。見ているだけでウキウキしちゃう場所。

→ 1F BAG FLOOR 
ハイブランドバッグがワンフロアで一気に見れるのが嬉しい。最新バッグはココでチェック。

→ 2F BEAUTY APOTHECARY 
女のコの美のスポット。ココにくれば何でもあるから、最新コスメもチェックするよ。伊勢丹限定商品があるのも魅力。

→ 2F MA LINGERIE 
こだわりのランジェリーはココでチェック。特にmiss chloéが好き。友達にプレゼントしても可愛いおしゃれなものが揃ってるの。

Miliyah's Shopping root @ love shops
ミリヤの御用達ショップのまわり方♥

@ grapevine by k3
グレープバイン バイ k3 のまわり方

Tシャツやデニムなど定番ものを特に見る店。k3で買うのってなんだかおしゃれに感じるから。青山店に寄ることが多いよ。

Shop Data
address:渋谷区神宮前4-9-1 神宮前AKビル1F ☎03-5772-8099 open:12:00〜20:00

START → k3&CHEAP MONDAY T-SHIRTS Check!
ココにきたらまずTシャツをチェック。オリジナルやチープマンデイのTシャツは安いうえに形もいい。いわゆる"遊びT"がたくさん。

→ CHEAP MONDAY DENIM Check! 
チープマンデイのデニムはわりと安いのに安く見えないのがイイ！はきごこち、形もよくてオススメ。衣装でも時々着てるんだ。

→ G.V.G.V. Check! 
服、サングラスと、G.V.G.V.のアイテムは一通りチェック。

@ TOPSHOP
トップショップ 原宿店のまわり方

私のファッションにTOPSHOPはやっぱり欠かせない。回転が早いから、逃さないように定期的にチェックしてるよ。ココにくるとつい買いすぎちゃうんです私。

Shop Data 
address:渋谷区神宮前1-11-6 ラフォーレ原宿1F・2F ☎03-5414-3090 open:11:00〜20:00

START → COLLABO LINE Check!
真っ先にチェックするのがココ。コラボものでちょっと高いライン。ケイトモスコラボのときは真っ先に買ってた！

→ SHOES Check! 
TOPSHOPの靴は本当に優秀。ヒールが高くて他にはないデザインで、かつ歩きやすい。チェックしないわけにいかない！

→ MAIN FLOOR Check! 
ここからは片っ端から気になったものを手にとって消去法！試着しない派だけどTOPSHOPはサイズ感が大事だから、わりと試着するかも。

→ ACCESSORY Check! 
最近特にTOPSHOPのアクセが最高！ゴテっとインパクトのあるものが多く揃うから。一番最後に必ずチェック。

@ OPENING CEREMONY
渋谷オープニングセレモニーのまわり方

ワンを中心に海外ブランドが色々と見れるめちゃくちゃおしゃれスポット！見る場所はいつも決まってるんだ。大好きなクロエセヴィニーライン（※2010A/W中一時休業）もチェック。

Shop Data
address:渋谷区宇田川町21-1 西武渋谷店モヴィーダ館 ☎03-6415-6700 open:10:00〜20:00（木〜土=21:00）

START!! → 1F T by ALEXANDER WANG Check!
入ってすぐ左のT byゾーンでカットソーをチェック。セレクトで置いてるどこのお店よりも、やっぱりココが型数も多くてイケてる！

→ 2F SHOES&BAG Check! 
オリジナルものや、ALEXANDER WANGのものなど、靴・バッグをチェック。派手でごつめの靴が豊富で好き。

→ 3F THE RAW・ALEXANDER WANG Check!
ショップインショップフロア。この2ブランドは絶対！THE RAWにエリザベス&ジェームスも入って、オルセンファンの私にとっては必須場所。 

→ 4F OC ORIGINAL LINE Check! 
オープニングセレモニーオリジナルの服って、他ではないシルエットでおしゃれ。この階は一通り全部見るかも。

→ 7F ACNE Check! 
ハードでシンプルな服はすごく好きだから、ACNEはついチェックしちゃう。

---

for... MILIYAH'S SHOPPING SPOT!!
ミリヤ的お買い物♥ どこへ行く？何を見る？

for...
MILIYAH'S
FAVORITE
SITE

www.Miliyah
Recommend Sites

ミリヤ的おしゃれ
サイト教えます!

iPadを常にかばんに入れて持ち歩
くくらい、実は私、ネット大好き。
私の検索力は結構すごいと思う
(笑)。そこで、いつも私が見てる
サイトをいくつかご紹介します!

MILIYAH'S SHOPPING ADDRESS FOR GIRLS

BLOGGER

最近ハマってるのがDiane,a Shaded View on Fashion。エディターのマダムがやってるブログなんだけど、おしゃれで流行が早くて特にファッションウィークのときなんかは更新が早いの。あとは……その日の気分がモードでかっちりキメたいときはJAK&JIL、とか一言でブロガーといっても、そのとき見たい情報で使いわけてるよ。あと、ファッションを目当てに見てるものばかりじゃない。例えばHERMANAS MIRANDAは、アート系で影響を受けてる。

JAK & JIL
[http://www.jakandjil.com/]

KATELOVESME
[http://www.katelovesme.net]

Diane, a Shaded View on Fashion
[http://www.ashadedviewonfashion.com/]

anna trevelyan's blog
[http://annatrevelyan.blogspot.com/]

HERMANAS MIRANDA
[http://hermanasmiranda.blogspot.com/]

♥ **MILIYAH**
[http://miliyah.com/blog/]

FASHION

WHO WHAT WEARはすごくリアルクローズが見れるから一番参考にしているファッションサイト。STYLE.COMでコレクションを見返したりも。やっぱり最新ファッションはネットが早い！

WHO WHAT WEAR
[http://www.whowhatwear.com/website/home.php]

STYLE.COM
[http://www.style.com/]

INTERIOR

インテリアをサイトで見て、どんなお部屋にしようとか考えるのって楽しい。このサイトはある人のお部屋の一例がちらっと載ってたりして、想像しやすいんだ。

The Selby
[http://www.theselby.com/]

NET SHOPPING

通販大好き。このサイトは私の好きなハイブランド系も揃うよ。

POLYVORE
[http://www.polyvore.com/]

Q. 結局1回も着てない服とかありますか？
ペンネーム　さやさん
A. あります。
タグが付いたまま眠ってる服……。
ずっと着ないものもあるけど、
ひょっこり1年後に着てるって場合も。

Q. その日着る服に合わせて下着も決めたりしますか？
ペンネーム　もこともさん
A. 下着はなるべくつけたくないって
思ってるんです。
だから、服に響かないTバックは必須！ファッション撮影のときは
実はブラをつけてないことが多いよ。どうしてもつける場合は、
ストラップがレースではなくシンプルなひもで色は黒。

Q. ファッションで尊敬している人は？
ペンネーム　えなさん
A. いつもお世話になっている
スタイリスト西村哲也さん。

Q. 今のミリヤスタイルを確立したのはいつぐらい？
ペンネーム　ゆかりさん
A. ミリヤボブにしたとき。
ということは2008年8月ごろ。
いろんな洋服が似合うようになって、
ちょっと甘さも取り入れてみたのがこの時期。

Q. Tシャツはどう収納してる？
ペンネーム　さあちゃん
A. デザインが見えるように
畳んで収納してます。

Q. いつもどうやってコーデを組んでますか？
ペンネーム　もえかさん
A. その日着たいアイテム
1つを決めてから。
それをベースにその日のTPOに合わせて。
動きやすいのがいいのか、きちんとしたほうがいいのか。
例えば伊勢丹へは絶対にヒールで行くとか、
私なりのルールがあるんだ。

Q. ミリヤちゃんにとってファッションとは？
ペンネーム　ゆんさん
A. 恋をするのと同じ。
本能。

Q. 就職活動中の黒髪でもおしゃれができる方法を教えてください。
ペンネーム　ひかりさん
A. シンプルでモードな
スタイルがおしゃれ！
強い印象だから、シンプルモードが似合いそう。
余談ですが、実は密かに黒髪に憧れてる私！

Q. 最近気になるファッションブランドは？
ペンネーム　なおさん
A. EVIL TWIN
オーストラリア発のブランド。
基本ロックだけど、セクシーな要素もあるのが好き。
振り切ったデザインだから、個性を出すのには最適。

Q. いつも何を参考にしてトレンドを取り入れてますか？
ペンネーム　NARUMIさん
A. インターネット！
サイトSTYLE.COMで、コレクション本が
出るより先にコレクションを勝手に分析してる。

Q. 衝動買いや無駄遣いをしてしまうことってある？
ペンネーム　みかさん
A. 基本的にいつも
衝動買いです……。

Q. 大切なお洋服を洗濯するときにこだわりってある？
ペンネーム　さあちゃん
A. 柔軟剤を大量に投入！
お洗濯は週に2回。外には絶対干さないかも。
ザ・ランドレスの洗剤を愛用中。

Q. 部屋着はどんな感じですか？
ペンネーム　Kahoさん
A. 最近はKID BLUEをよく着てます。
特別な気分のときはChloéのランジェリーキャミを着ることもあるよ。

Q. ミリヤちゃんのコンビニスタイルってどんな感じですか？
ペンネーム　Aliyahさん
A. ちゃんとした格好をしていると思います(笑)。
近場に出かけるときにも誰に会うかわからないしね。ファンのコには、
「やっぱおしゃれだった〜！」って言ってもらいたいもん(笑)。

Q. ミリヤちゃんの頭の中の円グラフが知りたい！
ペンネーム　ひなこさん
A. 表現することについて95％、
だらだらしたい5％(笑)。
歌もプロモもファッションも要は自分を表現すること。
常にこれは考えていること。ただ、ときには何にもしたくない日もある。
今日は何にも考えずに好きな人と一緒にいたいとか。
そんなメリハリって大事だよね。

Q. 服を買うときは試着する？ それとも直感？
ペンネーム　なかむーさん
A. 試着はめったにしないです。

MILIYAH'S
SHOPPING
ADDRESS
FOR
GIRLS

Q. 持っている服でうまく着回す方法を教えて！
ペンネーム　しぃさん
A. デニム、ボーダー、シャツを活用！
基本的にデニム、ボーダー、シャツは何にでも合わせられると思うし、あると着回しやすくなると思う！

Q. 自分自身で"私っていうとコレ"って思うスタイルは？
ペンネーム　YRさん
A. ボーイッシュなパンツスタイル×ブーツイン！
特にmiu miuのブーツでやってるブーツイン。トップスはゆるめが定番。

Q. どうすればミリヤちゃんみたいに個性的におしゃれになれますか？
ペンネーム　たむちんさん
A. ちょっとtoo muchかな〜ってくらいがちょうどイイ♥
私もいつも個性的でありたいって思ってて。やりすぎちゃうくらいをやっているうちに、自然と自分のファッションにおける個性を見つけたような気がします。

Q. 髪型を変えたいと思う瞬間は？
ペンネーム　ひかるさん
A. アレンジしつくしたとき……。

Q. アクセサリーのこだわりを教えて！
ペンネーム　まどちさん
A. ゴテゴテしないこと。さりげなく身につけること。

Q. ミリヤちゃんの雨の日コーデを教えて！
ペンネーム　しおっぷさん
A. 無理してヒールは履きません。
足元はウエスタンブーツかレインブーツか。雨の日にしかできないスタイルを楽しみたい！

Q. 1ヵ月にかけるファッション代は？
ペンネーム　CHIMILIさん
A. 0円のときもあれば使いまくる月もあり。
海外に行くとマジックがかかって、ここぞとばかりに使いまくり！でも後悔はしないよ！

Q. 自分のしたい服の系統が定まらず、服ばかりが増えて困ってます。ミリヤちゃんならどうしますか？
ペンネーム　たむさん
A. 今はいろいろなスタイルをやってみようよ！
私も月単位で着たい服がころころ変わるタイプ。でも決めつけずにいろいろやってみた結果一番しっくりくるものでいいのでは？

Q. 下半身が気にならないパンツのはき方を教えてください。
ペンネーム　ayaさん
A. オーバーサイズの長めトップスを合わせて足首を出す、かな。
一番細い部分の足首は見せるべき。でも一番は毎日自分の体を見ること。自分の体を知ることかも。

Q. 服を選ぶとき、つい選んじゃう色は？
ペンネーム　ちぃさん
A. やっぱり黒！！

Q. 好きな人と2人きりで遊ぶならどんな格好をする？
ペンネーム　ミズキさん
A. ピンヒールは履かないかも。
せっかくの日に足が痛くなるのは嫌だから。特に可愛い格好をするわけでもなく、普段っぽいシンプルスタイルで出かけると思います。

Q. ついモノトーンを着がちなんですが、何を取り入れたらパッとしますか？
ペンネーム　ミリやっくまさん
A. 素材を変えてみては？
女のコらしくしたかったら厚手のニットとか、大人っぽくしたかったらスエードとか。素材でずいぶん印象が違うよ。

Q. 一番大切にしている服は？
ペンネーム　ともさん
A. ずっと憧れていて自分のお金で頑張って買った服は大切にしてます。

for…
MILIYAH'S
FASHION
Q&A
ファンクラブサイトに寄せられた質問に答えます！

Q. 彼氏がいたら彼好みのファッションにしますか？
ペンネーム　ひろこさん
A. するわけないだろぉ〜(笑)！逆に彼のコーディネートを組むのが好き♥
やっぱり彼にはおしゃれであってほしいから。脚の細さを強調したスキニースタイルとか、今は好み♥　刈り上げヘアとかね。

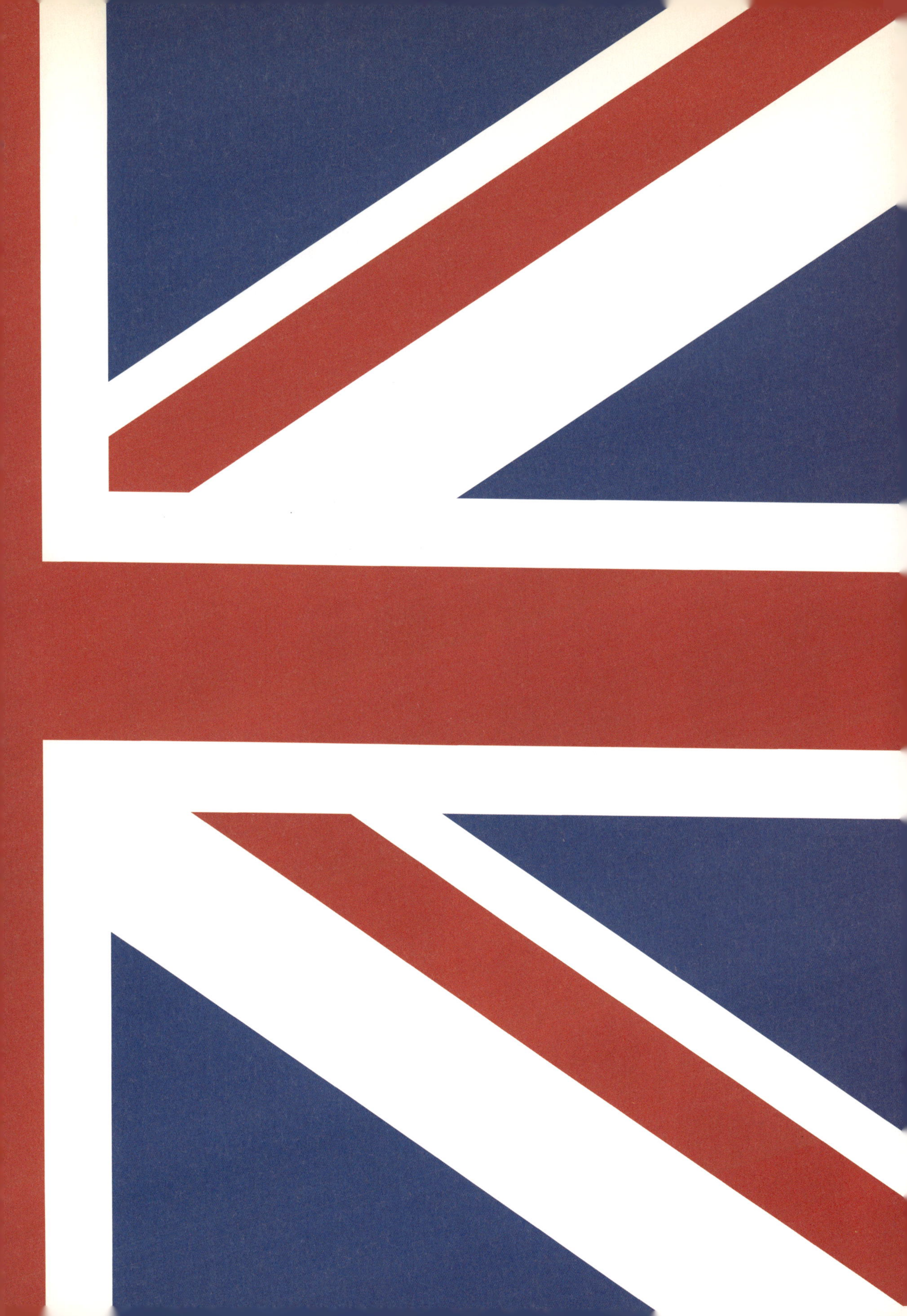

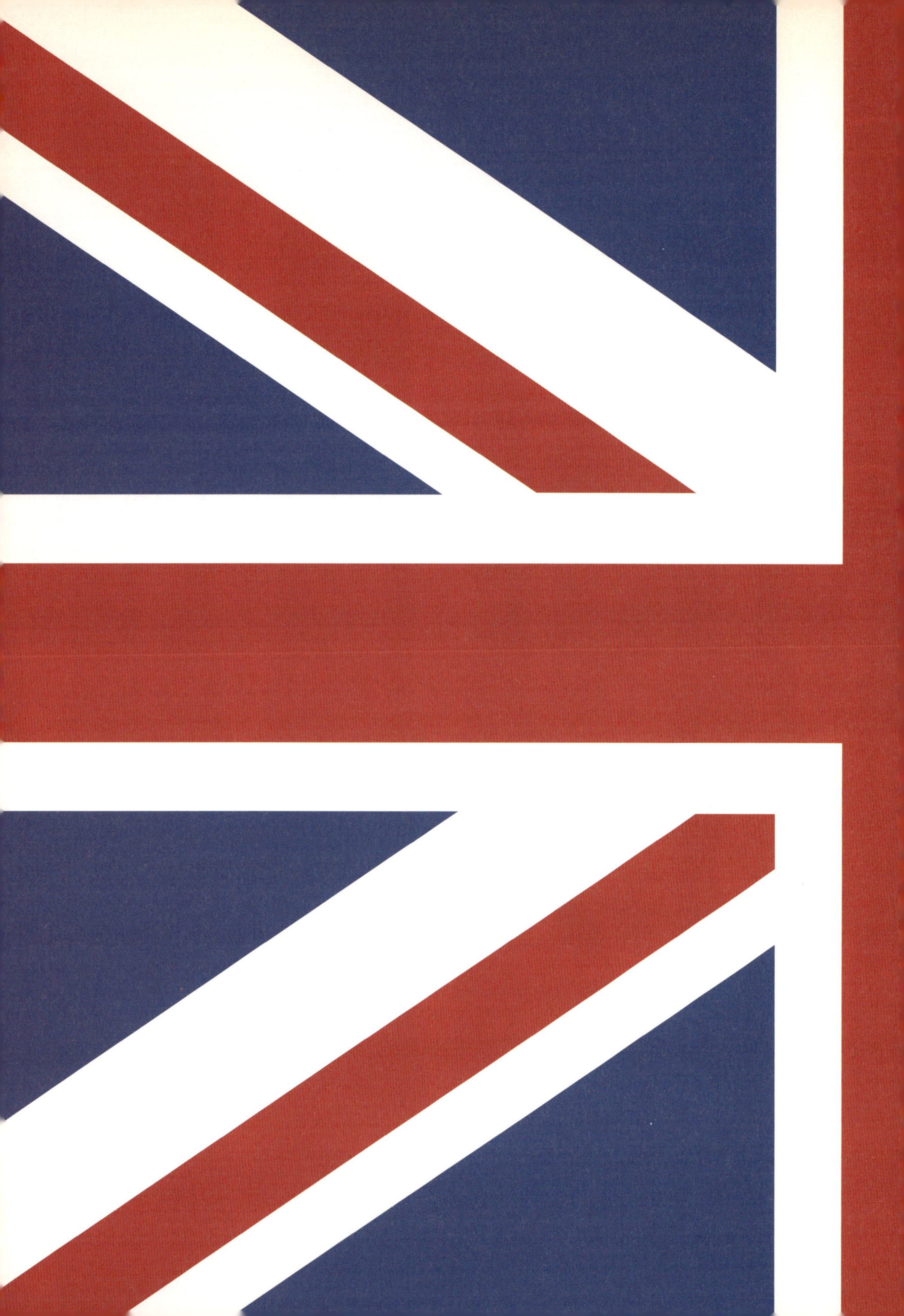

126

Designer Works

　私は常に女のコに向けてメッセージを発信し続けていきたいと思ってる。歌ではもちろんだけれど、ファッションでも。おしゃれしたい、可愛くなりたいって思ってる女のコに何かメッセージはないかなって常に考えてる。
　加藤ミリヤのアーティスト活動はファッションも重要な要素の一つだから。今、洋服ブランドKAWI JAMELEとジュエリーブランドMirror by Kawi Jameleという2つのステージがあって、そこで私はデザイナーとして考える日々。ココから少しでも女のコが幸せになれるヒントがあればいいな。
（デザイナー加藤ミリヤとしての活動が一つのカタチをなした瞬間の2枚。写真上・8月8日〜10日まで伊勢丹新宿店1階「ザ・ステージ」にて、Mirror by Kawi Jameleの期間限定催事が行われたときの特別イベントのもの。写真下・KAWI JAMELEラフォーレ原宿店オープニングのときのヒトコマ。2010年9月28日現在、KAWI JAMELEは他に、新宿ルミネエスト店、心斎橋OPA店がある）

やっと今、形として見えてきたところ。

実は、はじめはジュエリーが作りたくて。父が宝石店をやっていた関係で小さいころからジュエリーには特別な想いをもっていたの。でも、そういう想いからいろいろ考えていく中で、もっと自分をわかりやすく表現できるものは何だろうって思ったときに、やっぱりお洋服だったんだ。まずは服からトライして、アーティストとしてメッセージを伝えていく場を広げようって。そんなはじまりから、デザイナーという肩書が一つ増えた私。といっても、それでいきなりKAWI JAMELEがスタートしたわけではなくて、17歳の当時お世話になっていたスタイリストさんがやっていたお店に、自分がデザインしたものを置かせてもらったのが最初。初めてデザインしたのはジャージ。紫色で、その頃の私のテイストだったブラック系。かなり派手だったなー(笑)。まだ記念に家に残ってる。これがデザイナーのお仕事の第一歩。お洋服を作ることって大変だなって実感した瞬間でした。

そんな経験をふまえつつ、KAWI JAMELEが立ち上がったのは19歳のとき。10代のうちに自分がデザイナーを務めるブランドをスタートするっていうのは私の目標でもあったから、それを達成できたことはうれしかった。初めてのブランドリリースも自分で描いたり、たくさんの小さな布きれの見本を見ながらそれがお洋服になったらどうなるかを想像することの難しさを知ったり。そんなこんなで、こうして今のKAWI JAMELEがあるわけだけど、その道のりは山あり谷ありだったな。自分の作りたいものを形にするのって、すごい大変なことだったんだって思って。頭ではこういうデザインのものが作りたいって思っていても、初めは、うまく形にしていけないこともあって。きっと私の中でどんなブランドイメージにしていきたいのか、しっかり定まってないまま進んでしまっていたんだと思う。作りたいもの、着たい服も日によってころころ変わっていたりしたので、その当時を思えば、今の私はデザイナーと呼べるかな、と思える。自分主体でしか考えてなかったところから、きっと世の中の女のコはこういうものが着たいはず、と思えるようになったから。ブランドイメージもブレずに定めないといけないって思って。KAWI JAMELEってアラビア語で"強く美しい"の意味。単なる普通の服じゃなくて、どこか強くて主張する洋服が着たい、もうちょっと特別感を足したい、人と違ったスタイルで流行を取り入れたい、そう思ってる女のコが着たくなるような洋服を作りたい、っていう思いが今はある。このイメージを考えて、やっとKAWI JAMELEの色っていうものが確立してきた気がするんだ。

Mirror by Kawi Jameleもそう。ジュエリーを作りたいっていう想いが、服の世界が定まってきた今、やっと形となってすごく嬉しい。洋服と同じで大変なことも多いけど、今年は、昨年とはまた違った世界観で、私の思うブランドイメージに仕上がって、憧れの伊勢丹新宿店でイベントと期間限定ショップをオープンさせていただけるまでになりました。

最近ではファンのコたちが、お洋服やジュエリーを買ってくれるようになって、ライブ会場などでよく見かけるようになったの。これはすごく嬉しいこと。でも、これから私が目標というか楽しみにしているのは、例えば街中を歩いている女のコが当たり前のようにKAWI JAMELEを身につけてくれてる、そんな姿が見れたらいいなって思うんだ。KAWI JAMELEやMirror by Kawi Jameleは服の可愛さやアイテムのよさで勝負したい。だから、デザイナー業は裏方に徹しよう、そう思っています。

今回の本にKAWI JAMELEを着て出ようって決めたのも実は結構迷ってのこと。でも、あくまで自分のリアルなファッションだから。こういうおしゃれがしたいから。私はそのブランドのアイコンではなくて、単純にそのブランドの服が好きなイチKAWI JAMELEファンなんだよね。

おしゃれをすることって、とってもハッピーだしとっても面白い。そんな気持ちを持っているコ全員にこのブランドを見てもらいたい。誰かのためのおしゃれじゃなくて、自分のため、自分のファッションって何なんだろうって考えるコに一番着てもらいたいって思ってる。でも今はそんなこと言える立場じゃなくて……着てもらえたらいいな。正直まだすごーく不安だし、これからどうなっていくんだろうって考えちゃったりもする。でも、これは私にとっての大きな挑戦。今はまだブランドと私の名前はワンセットになってしまっているかもしれないけれど、関係なしに純粋に服が好きって思ってもらえたら、私はやっててよかったって思える。

でもね。KAWI JAMELEの1号店、ラフォーレ原宿のオープンの日、来てくれた女のコたちがお洋服を実際に手にとってくれてる姿を見たときに、自分がやってきたことは間違ってなかったんじゃないかってちょっとだけ思えたの。だってみんなの顔がすごく嬉しそうだったから。

これからも、そんなふうにバックステージから女のコをこっそり見て、一喜一憂して、たくさんのメッセージを大好きなお洋服やジュエリーに込めて発信し続けていけたらいいなって思ってます。

Designer Miliyah Kato

Presents

KAWI JAMELE

Mirror by Kawi Jamele

Brand History

デザイナー加藤ミリヤが語る、
カウイジャミール、ミラー バイ カウイジャミール
ブランドヒストリー

　歌う場所はスポットライトが当たるメインステージがいい。でも、デザイナー業は、バックステージから楽しんでくれている観客をこっそりのぞき見する立場でありたい。
　2010年8月、やっとKAWI JAMELEの第1号店がオープン。今までネットとかだけでの販売で、お店を出すなんて夢のまた夢だった。でもそれが現実となった今、嬉しさの反面、不安もあったりする今日この頃です。みんなはKAWI JAMELEにどんなイメージを持ってるかな？ カッコいいイメージ？ クール系ブランド？ もしくは加藤ミリヤがやっているブランド、という印象が強いのかもしれない。でも、私の中ではKAWI JAMELEに関しては、どんなイメージというよりも、とにかくただ純粋に女のコに服が可愛いって思ってもらえること。ただそれだけなんです。
　デビュー当時から、歌だけじゃなく、私の持つ雰囲気、ファッション、世界観っていうものをトータルとしてメッセージを伝えていきたいって思ってた。だから、PVでもライブでも、ファッションにはすごくこだわってきました。ずっとファッションの面で何かできることはないかって思っていて、いつかブランドを出したい、そういう目標を持ちながらアーティスト活動を続けてきました。そう思ったのが17歳くらいのころかな。そのときからずっと温めてきたファッションに対しての想いを、KAWI JAMELEに込めて、

Fur poncho is must-have!

AMELE

2010 A/W COLLECTION

Fur Cape ¥40950
RUNAWAY T-shirt ¥6090
Hat ¥6090
Globe ¥2940
Knee-high Socks ¥1995
Bootee ¥16800
All items are KAWI JAMELE.

American Vintage
KAWI J

Fur Long Vest ¥33600
Cowichan Short Cardigan ¥17850
Mohair Knit One-piece ¥11340
Border Long One-piece ¥10290
Hat ¥6090
Rosario ¥8400
All items are KAWI JAMELE.

Of course! I love Layered Coordinate.

It's a hit item.

Fur Bolero¥30450
Leopard One-piece¥11340
Fur Hat¥12390
Fur Attached Collar¥11550
Necklace¥6300
Boots¥24150
All items are KAWI JAMELE.

Military Jacket ¥29400
KISS BURGER T-shirt ¥5250
Pants ¥8190
Hat ¥8190
Necklace ¥6090
Dog Tag Necklace ¥6300
Lip Pin ¥525(one each)
Boots ¥24150
All items are KAWI JAMELE.

Self Drawing T-shirt

Cowichan Knit Long Coat￥27300
Border Knit One-piece￥8190
Hat￥6090
Leg&Arm Warmer￥22050
Necklace￥6090
Dog Tag Necklace￥6300
Knee-high Socks￥1995
All items are KAWI JAMELE.

I'm feeling like wearing khaki-mix!

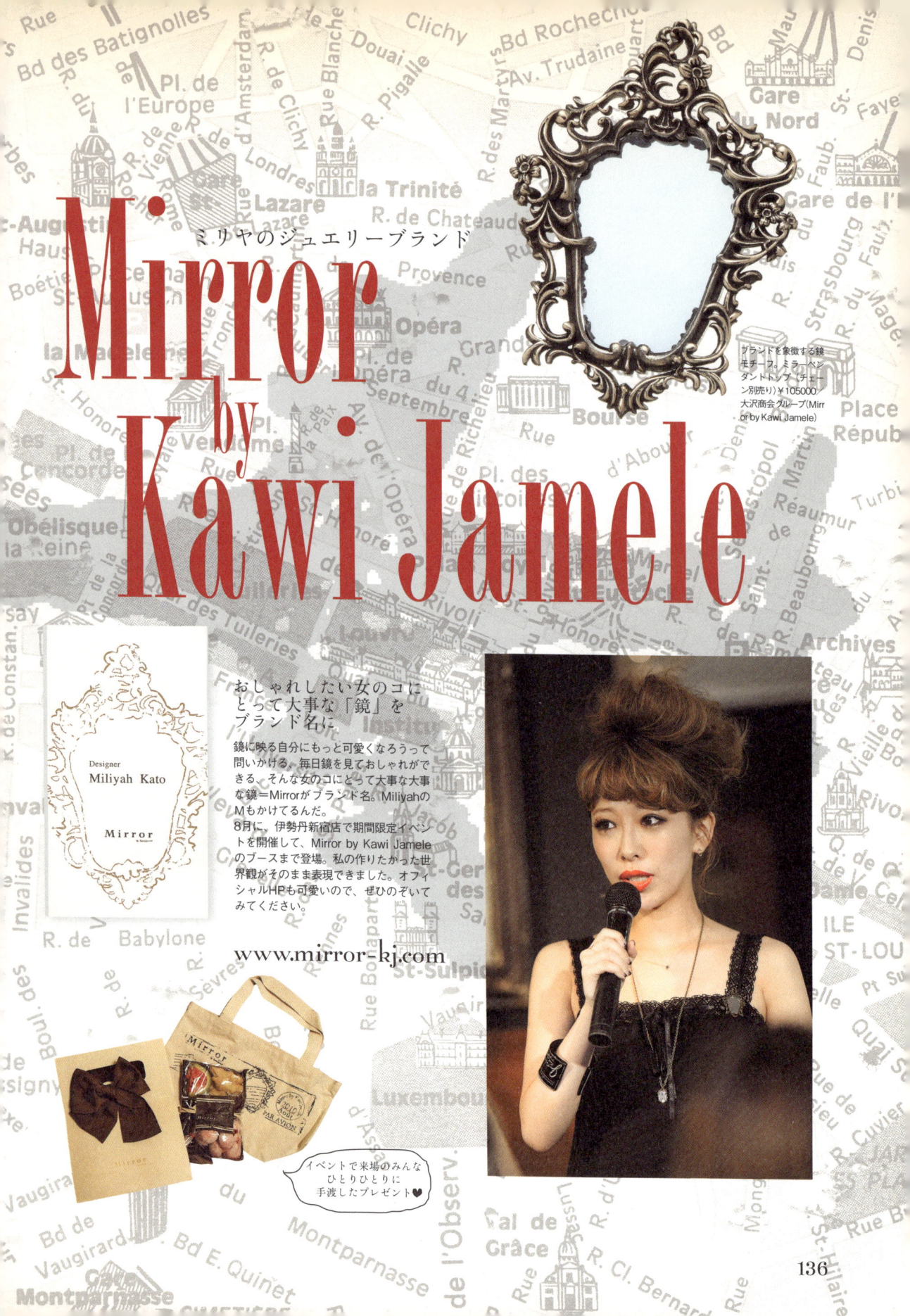

Mirror by Kawi Jamele

ミリヤのジュエリーブランド

ブランドを象徴する鏡モチーフ。ミラーペンダントトップ（チェーン別売り）¥105000／大沢商会グループ（Mirror by Kawi Jamele）

Designer Miliyah Kato
Mirror

おしゃれしたい女のコにとって大事な「鏡」をブランド名に

鏡に映る自分にもっと可愛くなろうって問いかける。毎日鏡を見ておしゃれができる。そんな女のコにとって大事な大事な鏡＝Mirrorがブランド名。MiliyahのMもかけてるんだ。8月に、伊勢丹新宿店で期間限定イベントを開催して、Mirror by Kawi Jameleのブースまで登場。私の作りたかった世界観がそのまま表現できました。オフィシャルHPも可愛いので、ぜひのぞいてみてください。

www.mirror-kj.com

イベントで来場のみんなひとりひとりに手渡したプレゼント♥

DESIGNER WORKS

Le Thème est
Le Marché de Mirror

内装のテーマは「Mirrorの蚤の市」!

Mirror by Kawi Jamele
8.8 (Sun.) - 8.10 (Tue.)

↑シルバー リング ¥14700／大沢商会グループ（Mirror by Kawi Jamele）

→アンティーク ハート ペンダント ¥14700 大沢商会グループ（Mirror by Kawi Jamele）

Kawi Jamele
Love Collections♥

↑天然石 リング ¥58800／大沢商会グループ（Mirror by Kawi Jamele）

DESIGNER WORKS

Mirror by k
Miliyah's

↑Mアンティーク リング¥33600／大沢商会グループ（Mirror by Kawi Jamele）

パリの蚤の市で見つけてきたような宝物……それは古くて特別感のあるヴィンテージもの。そんなイメージからできたアクセたち。8つあるライン全てに女のコの名前をつけたの。恋をしたり落ち込んだり、色々な感情になる女のコの気持ちを一つの物語として表現したかったから。

↑アンティーク、メダイペンダント¥8400／大沢商会グループ（Mirror by Kawi Jamele）

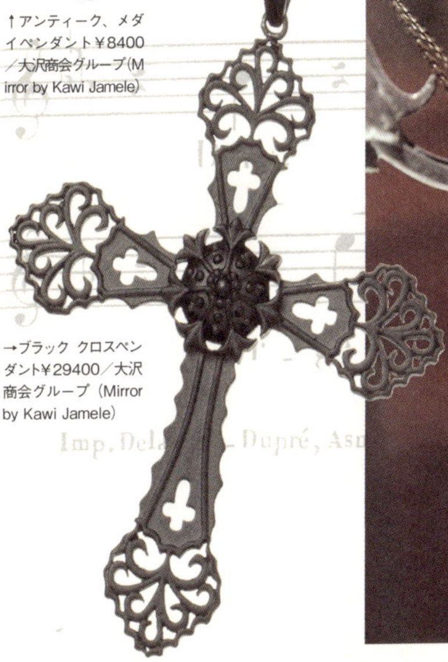

→ブラック クロスペンダント¥29400／大沢商会グループ（Mirror by Kawi Jamele）

↑アンティーク リング¥14700／大沢商会グループ（Mirror by Kawi Jamele）

Published by E. A. Schwerdtfeger & Co., London E.
printed at their works in Berlin

t works

HEAVEN
BYE BYE
MILIYAH
LALALA
WHY
LOVE ME !!!
BEST DESTINY
TOKYO STAR
Artis
WHY
Eyes on you
加藤ミリヤ
Diamond Princess
19 Memories
SAYONARAベイベー/愛シテル
BEST DESTINY

CD JACKET!!

撮影時オフショット公開♥

Fashion Concept:
非現実的でパワーが感じられる獣のような存在
Knit:STOLEN GIRLFRIENDS CLUB

HEAVEN
ALBUM
2010.7.28 Release!

Fashion Concept:
派手可愛いに作り込んだ'80sロンドンスタイル

←Leopard Fur Hat:NUDE TRUMP
Knit:Vivienne Westwood
Tutu:Vivienne Westwood
Shoes:Vivienne Westwood

WHY
SINGLE
2009.11.18 Release!

Music

→Hat:CABARET
Border Tops:G.V.G.V.
Miniskirt:Vivienne Westwood Vintage
Argyle Socks:Vivienne Westwood
Leopard Boots:Used

… ARTIST WORKS

MAKING OF

ジャケ写でどこの服着てた？

SINGLE

Last Love
2010.6.9 Release!

Fashion Concept:
森の中をさまよう
淋しげな一人の女のコ
One-piece:Charles anastase
Socks:POCO A POCO
Shoes:CABARET

SINGLE

Love Forever
2009.5.13 Release!

Fashion Concept:
チェックシャツとベストで
アメリカンヴィンテージ
Check Shirt:Pink Flamingo
T-shirt:Pink Flamingo
Denim Short Pants:Pink Flamingo
Boots:Pink Flamingo

SINGLE

BYE BYE
2010.3.24 Release!

Fashion Concept:
激しくて強くて
カッコいいミリヤ像
One-piece:TOPSHOP

ALBUM

Ring
2009.7.8 Release!

Fashion Concept:
'70sのジェーンバーキンを
イメージしたスタイル
Border Tops:SAINT JAMES
Short Pants:Used

BYE BYE
2010.3.24 Releace

TOPS:VINTAGE GUERRIERO

WORK JACKET:ORDER MADE

ONE-PIECE:LANVIN

SHIRT,BUSTIER:D&G

CUT&SEWN:VIVIENNE WESTWOOD　BOOTS:

人気PVで何着てた？

PV ON-AIR!!

そのとき私服で着ているスタイルと、どこか必ずリンクしているPV衣装。作り込んだ世界観の中にもリアルな私のファッションが見られるはず♥

ARTIST WORKS

WHY 2009.11.18 Release

SENSATION (feat. Kento Mori(in BYE BYE)) 2010.3.24 Release

Destiny (in WHY) 2009.11.18 Release

恋シテル 2008.9.24 Release

Last Love 2010.6.9 Release

X.O.X.O.
(IN HEAVEN)
2010.7.28 RELEASE

ARTIST WORKS

Love Forever>>

Aitai>>

WHY>>

SENSATION feat. Kento Mori>>

BYE BYE>>

Last Love>>

Destiny>>

MAKING OF PV
―オフショット集〜!

X.O.X.O.>>

アルバムツアーの衣装は、
自分の衣装から
ダンサーの衣装まで
私とスタイリストさんで
すべてデザイン画を描いて
作っています。

アーティストの加藤ミリヤは常にカッコいい存在でありたい。だからライブ衣装も単に可愛いだけのものはいらなくて、カッコいいって思えるものがいい。スタイリストさんと相談して、すべて自分たちで考えてるの。ダンサーの衣装も、自分の世界観の一つだから気は抜けない。デザイン画を一つ一つおこして、イメージをふくらませてるよ。

本番はルイ・ヴィトンの
うさ耳をつけて登場！
大人気だった
ウサギちゃんコーデ

チュチュをさらに入れてボリュームを出したミニがポイント。赤と黒の世界で、ハードな感じが残る印象にしたよ。

コレが左のウサギちゃんコーデの
実際のデザイン画！

ARTIST WORKS

from Ring Tour 2009
2009.9 ～ 2009.11

LIVE 衣装を公開！
Miliyah on Stages!!

「恋シテル」を歌うときの衣装として使用。ヴィトンのコレクションでつけてたうさ耳がずっとしたくて、借りれたからすっごく嬉しかった！ 赤が私っぽいなって。甘すぎない小悪魔っぽい衣装に仕上がりました。

Pose 1

むちを持ってまわりのみんなを引き連れてるイメージの私。当時流行だったパワーショルダーを取り入れてハードにカッコよくしました。

デザイン画はコレ！

Ring Tour 2009
Fashion Limited ver.

リングツアーで着た衣装、すべて見せます！

衣装のデザイン画つき

Pose 2

デザイン画はコレ！

大ぶりなお花をあしらって、ヴィンテージ感のある可愛いワンピを作りました。花輪のヘッドアクセもセット。

MOVIE SHOW!
ライブ中に流したムービーショー！

ARTIST WORKS

Pose 3
前ページで見せた
うさ耳ちゃん♪

Pose 4
パワーショルダーとスタッズで当
時の流行をきちんと取り入れてみ
ました。

デザイン画はコレ！

On Fur Coat

Encore

ツアーTを
会場ごとに
アレンジ
「Love Forever」を
歌うために翔太も一
緒にまわってくれた
このツアー。そのア
ンコールの衣装はす
っごくリアルクロー
ズなアメリカンヴィ
ンテージガール。実
はデザイン画からお
こしたものだったの。

デザイン画はコレ！

153 MILIYAH 300 STYLES

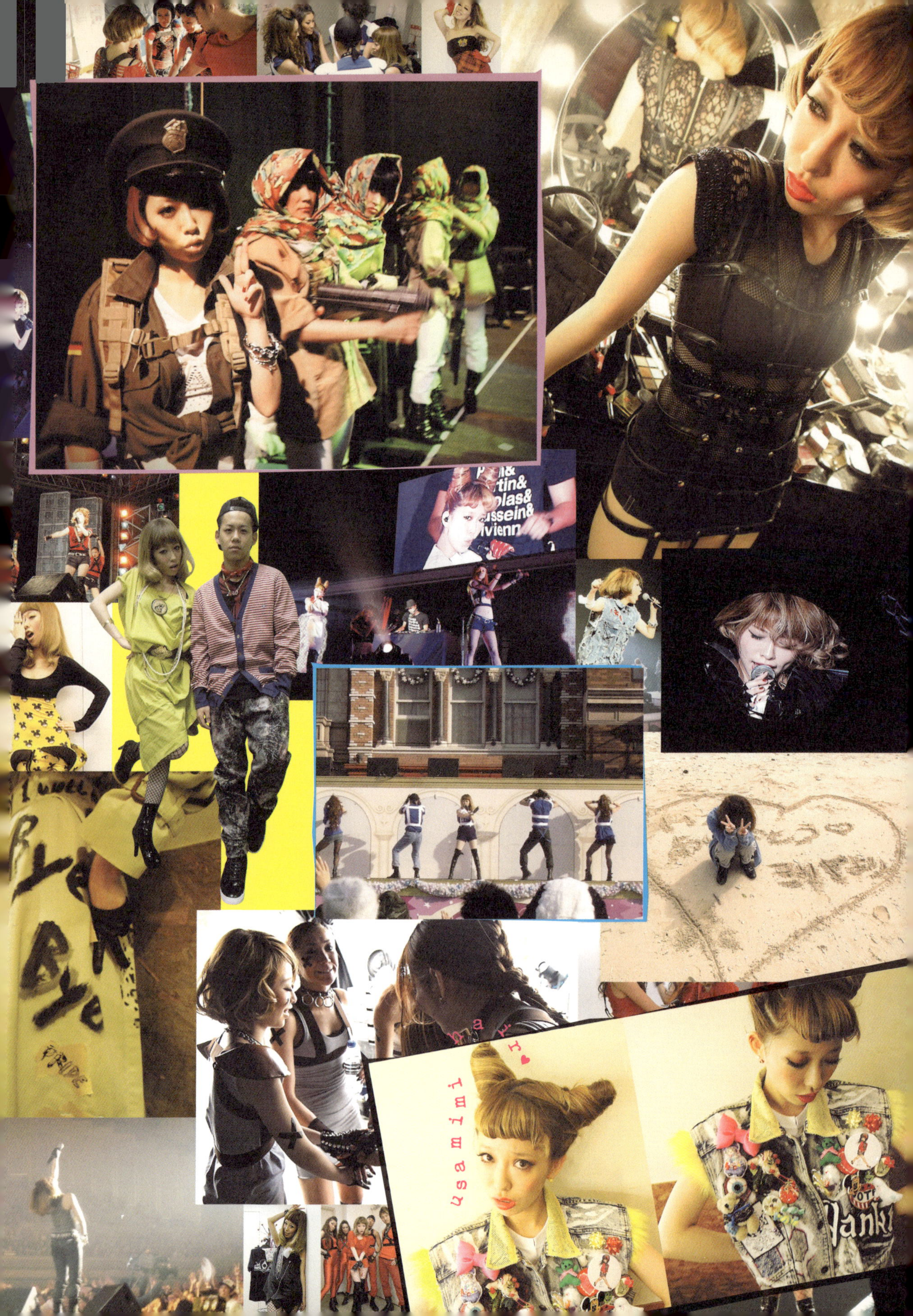
usamimi hair

2006-2010 MILIYAH ON STAGES & BACKSTAGES

ライブ＆TV出演 etc.
衣装傑作選！
「一度も同じ衣装は
ありません！」

a lot OF LOVE from Miliyah

女の子として生まれてきて、
こうしておしゃれを楽しんでいる今は最高に幸せ。
アーティストとしてデビューしてから、
「いつかファッションアイコンになりたい」って、
密かに願い続けていました。
ご飯を食べたり、眠ったり、お風呂に入るのと同じくらい
ファッションは私の日々の中に存在していて、私の一部だから、
この本の中には私の女の子としてのおしゃれを愛する気持ちが
たくさん詰まっています。
本当にファッションが大好きなんだ。
愛しているの！

もっともっとおしゃれになりたい！
もっともっと可愛くなりたい！
みんなと同じ気持ちで今日もファッションと生きています♡

読んでくれてありがとう♡

加藤ミリヤ

MILIYAH 300 Styles♡ etc...

Model, Direction, Private Style Styling
加藤ミリヤ

Photos
佐野方美(TRON)　　表紙＆裏表紙、P.2～13,70～75,78～79,88～89,102～103,106～107,157,159
i-dee　　　　　　　P.49～51,56～65,80～81,95,97,100～101
北島 明(SPUTNIK)　P.130～135
大門 徹　　　　　　P.126,136～139
植 一浩〈still〉
武藤 誠〈still〉
市川 守〈still〉
浜村菜月〈shop〉

Styling
西村哲也(holy.)　表紙＆裏表紙、P.2～13,49～51,80～81,95,97,100～103,106～107,157,159

Hair&make-up
イガリシノブ(BEAUTRIUM)　表紙＆裏表紙、P.2～13,49～51,56～65,80～81,95,97,100～103,106～107,157,159

Composition
筒井裕子

Design
橘田浩志、鶴崎亜紀子、福田治郎(attik)

Thanks!
増田雅子(Sony Music Records)
曽小川 瞳(ViVi編集部)

Special Thanks

Fashion　　R&E 渋谷109店／03-3477-5016　伊勢丹新宿店／03-3352-1111　ヴァルカナイズ・ロンドン／03-5464-5255　H&M カスタマーサービス／info.jp@hm.com　ESPERANZA 渋谷109店／03-3477-5078　大沢商会グループ／03-5775-3933　オプティカルテーラー クレイドル青山店／03-6418-0577　オンワード樫山 お客様相談室／03-5476-5811　KAWI JAMELE／http://www.kawijamele-shop.com　CA4LA ショールーム／03-5775-3433　CULTIYEAR／03-3780-0607　GARTER／03-5356-9296　kitson Japan／03-5467-2527　キャバレー／03-3462-0022　KINSELLA／03-3408-6779　CANDY／03-5456-9891　グッチ グループ ジャパン イヴ・サンローラン ディビジョン／0570-016655　クリスチャンブダン ジャパン／03-5210-3781　クルーン ア ソング 渋谷PARCO PART1店／03-3464-5550　grapevine by k3 aoyama／03-5772-8099　クローゼットチャイルド原宿店／03-3403-4119　k3 OFFICE／03-3464-5357　サウスポー by NPC／03-3337-9401　THE WALL SHOW ROOM／03-5774-4001　ZARA JAPAN／03-6415-8061　C.C.COUNTRY／03-3478-1193　Sister／03-5456-9822　シンシアガーデン／03-5775-7379　タキシードベア／03-5935-8372　dual 表参道／03-5468-8635　Dog／03-3746-8110　TOPSHOP/TOPMAN／03-5414-3090　TRANSIT GENERAL OFFICE／03-6826-5660　NINCOMPOOP CAPACITY／03-6427-3396　NUDE TRUMP／03-3770-2325　BuyMa（http://www.buyma.com）　バロックジャパンリミテッド（moussy、SLY、rienda、SHEL'TTER ORIGINAL、BLACK by moussy）／03-6730-9191　HEATHEN by MIDWEST／03-3463-6589　光／03-3312-3142　ヒプノティック／03-3770-3906　プラダ ジャパン／0120-559-914　BOniTA 渋谷109-2店／03-3477-8049　ボルサリーノ ジャパン／03-3230-1030　mouse／03-3317-4055　MeMe's Park／03-3462-7731　MIDWEST／03-5428-3171　Laila Vintage Collection／03-3406-4088　LAKIC／03-6419-3042　Le Vésuve／03-5469-5438

Cosmetics　アディクション ビューティー／0120-586-683　ピーバイイー／03-5456-8228　ポール＆ジョー ボーテ／0120-766-996　ラデュレ ジャパン／03-6902-0384

Props　　　AWABEES、EASE、PROPS NOW

Location　カウンターアクション／03-3423-8227、G-room、Tas Yard／03-3470-3940、PINK DRAGON／03-3498-2577、RED MOTEL

Thank You Number:LOVE0928

★ViVi編集部注:この本は、加藤ミリヤさんの私服をたくさん掲載するという性質上、現在すでに販売を終了している商品も多数ありますことをご了承ください。
また、このページに記した協力店以外のブランドさんに対するお問い合わせは固くご遠慮いただきますようお願い申し上げます。

MILIYAH 300 STYLES
ミリヤ　　　　　　　スタイルズ

2010年9月28日　第1刷発行
2010年10月8日　第2刷発行

著者　　加藤ミリヤ
　　　　　かとう

発行者　　持田克己

発行所　　株式会社　講談社
〒112-8001
東京都文京区音羽2-12-21
電話　03-5395-3448（編集）
　　　03-5395-4415（販売）
　　　03-5395-3603（業務）

印刷所　　大日本印刷株式会社
製本所　　大日本印刷株式会社

落丁本・乱丁本は購入書店名を明記のうえ、小社業務部宛にお送りください。
送料小社負担にてお取り替えいたします。
なお、この本についてのお問い合わせは『ViVi』編集部宛にお願いいたします。
本書の無断複写（コピー）は、著作権法上での例外を除き、禁じられています。
定価はカバーに表示してあります。

ISBN 978-4-06-216559-4
©Miliyah Kato 2010,Printed in Japan